应用文写作

（第二版）

YINGYONGWEN XIEZUO

主　编　韩　岩

副主编　吴银霞　冯雨婷

苏州大学出版社
Soochow University Press

图书在版编目(CIP)数据

应用文写作/韩岩主编. —2版. —苏州：苏州大学出版社，2020.11
ISBN 978-7-5672-3346-1

Ⅰ.①应… Ⅱ.①韩… Ⅲ.①汉语-应用文-写作-教材 Ⅳ.①H152.3

中国版本图书馆CIP数据核字(2020)第224533号

应用文写作(第二版)

韩 岩 主编

责任编辑 史创新

苏州大学出版社出版发行
(地址：苏州市十梓街1号 邮编：215006)
苏州工业园区美柯乐制版印务有限责任公司印装
(地址：苏州工业园区东兴路7-1号 邮编：215021)

开本 787mm×1 092mm 1/16 印张13.5 字数280千
2020年11月第2版 2020年11月第1次印刷
ISBN 978-7-5672-3346-1 定价:35.00元

苏州大学版图书若有印装错误,本社负责调换
苏州大学出版社营销部 电话:0512-67481020
苏州大学出版社网址 http://www.sudapress.com
苏州大学出版社邮箱 sdcbs@suda.edu.cn

前言 Preface

《应用文写作》教材首版于2013年6月，一晃已时隔七年。这期间，"互联网+"高速发展，产业经济增长迅猛，社会分工日益细化，职业教育教学改革不断深化。职业院校"以就业为导向，以能力为本位"的人才培养目标，更加注重学生的职业技能培养，呼吁学校对接企业需求、深化一体化课程改革。应用文是传递信息和沟通交流的重要载体，是当今社会使用频率高、范围广的文体之一，教材修订理应顺势而为。本教材在保留原版精华的基础上，努力体现以下三个方面的特性：

一是时代性。首先，依据最新课程标准，遵循"00后"学生的认知规律，落实一体化课程改革精神，教材按照任务引领（学习目标）——提出问题（案例导入）——初步认知（范例感知）——授人以渔（知识点睛）——答疑解惑（案例展示）——延伸拓展（能力训练）六个环节，层层递进地编排内容；其次，增加诸如博客、微博等网络传播最广的新兴形式，摒弃或淡化诸如托事条、留言条、书信等与时代渐远的形式，体现实用性和适用性；最后，更新原有版本中时间久远的案例素材，增加诸如"改革开放四十周年"等与学生知识经验和生活经历接近的时事内容，以此引发学习兴趣，激发探究欲望。

二是思政性。"思政课程、课程思政"是最新课程改革理念之一。本教材在修订过程中，从教学目标、案例撷取、能力训练等方面适当融入思政元素。比如在"事务文书"章节的"倡议书"部分，引入新型冠状病毒相关内容，启发学生敬畏自然、珍爱生命的意识；在"公务文书"章节"通报"部分，嵌入"表彰不畏强暴勇斗走私犯罪分子""表彰大学生志愿者扶贫支困"的先进人物；在"传播文书"章节的"通讯"部分，以抗疫英雄——交警司元羽为案例导入，并在"案例展示"中详细展开其生动事迹。诸如此类，在培养学生写作能力的同时，润物无声，净化学生心灵，沉淀正能量。

三是整合性。本次修订在深入研究相近文体的内在联系、广泛借鉴同类教程设计、访谈任课教师在使用过程中发现的问题、调研职业院校对该课程学时情况的基础上，对章节内容略作整合。首先，把原本并列存在的祝词与贺词、会议纪要与会议记录、计划与创业计划书、电子邮件与书信、申请书与劳动仲裁申请书、报告与实习报告和调查报告等,从目录上化繁为简,选取更具概括性的主目录,将相近内容以知识链接的方式呈现,并增加了函、悼词、自我鉴定的写作等学生需要的知识;其次,将原版教材的"案例导入"与"案例展示"板块缺少联系的情况,修订为首尾呼应的关系,即从提出问题到解决问题,启发学生学则通、通则用、用则明,从而确保学习效果。

本教材由江苏省徐州技师学院韩岩任主编,吴银霞、冯雨婷任副主编。在编写过程中,编者借鉴了有关专著、网站及一些佚名作者等的资料,在此表示深深的谢意!囿于水平有限,如有不妥之处,敬请批评斧正。

编者

2020 年 9 月 26 日

目 录 Contents

绪 论	/1
第一章	**日常文书** /6
	第一节 便条 /6
	第二节 条据 /9
	第三节 启事 /15
	第四节 海报 /20
	第五节 证明 /23
第二章	**事务文书** /26
	第一节 计划 /26
	第二节 总结 /36
	第三节 申请书 /43
	第四节 倡议书 /49
	第五节 投诉信 /55
	第六节 感谢信 /60
第三章	**公务文书** /64
	第一节 通知 /64
	第二节 通报 /71
	第三节 报告 /75
	第四节 请示 /86
	第五节 会议纪要 /93

第四章　传播文书 / 99

第一节　消息　/ 99

第二节　通讯　/ 107

第三节　简报　/ 114

第四节　声明　/ 122

第五节　电子邮件　/ 126

第六节　网传文体　/ 130

第五章　礼仪文书 / 137

第一节　祝词　/ 137

第二节　开幕词　/ 143

第三节　闭幕词　/ 147

第四节　邀请函　/ 151

第五节　悼词　/ 154

第六章　职场文书 / 161

第一节　自我介绍　/ 161

第二节　求职信　/ 170

第三节　个人简历　/ 184

第四节　竞聘词　/ 190

第五节　劳动合同　/ 198

绪 论

应用文是国家机关、社会团体、企事业单位、公民个人在日常工作和生活中处理事务或交流信息时使用的具有实用价值和惯用格式的文体。相对于小说、诗歌、散文、戏剧等文学作品而言，应用文具有直接的实用价值，它是国家机器得以运转，单位与单位之间、单位与个人之间、个人与个人之间进行联系沟通的重要书面工具。

应用文的写作历史源远流长。可以说，自从有了文字的记载，就有了应用文的写作。应用文以实际应用为目的，是人们传递信息、处理事务、解决问题、交流经验的一种必不可少的工具。随着社会的发展和科学技术的进步，应用文必将发挥越来越重要的作用。

一、应用文的种类

应用文的种类繁多，随着使用范围的不断扩大，新的文种还将不断出现。根据不同的划分标准，我们可以从不同的角度对应用文进行分类。

按使用主体分，可以分为公用文书和私人文书。

按应用领域分，可以分为机关应用文、经济应用文、军事应用文、涉外应用文等。

按功能特征分，可以分为法规性应用文、指导性应用文、报请性应用文、知照性应用文、调研性应用文、计划性应用文、记录性应用文等。

按内容和使用范围分，可以分为公文、事务应用文、日常应用文、经济应用文、诉讼应用文、新闻宣传应用文、学术论文等。人们通常使用这一方法分类。

值得注意的是，这些分类方法的界限并不十分严格，各类之间常常有交叉的现象，可以交互使用。下面对按内容和使用范围分类的各类应用文作一简介。

1. 公文

公文就是党政机关、社会团体、企事业单位在进行公务活动时所使用的体式完整、内容具体的各种正式文书。根据 2012 年 4 月 16 日中共中央办公厅和国务院办公厅联合印发的《党政机关公文处理工作条例》的规定，公文共有 15 类。它们是：决议、决定、命令（令）、公报、公告、通告、意见、通知、通报、报告、请示、批复、议案、函、纪要。

2. 事务应用文

事务应用文是机关、团体、企事业单位或个人在工作和学习中经常使用的具有很强实用性、事务性的应用文体，如计划、总结、调查报告、简报、规章制度等。这些应用文尽管不属于公文的范围，但它们也有一定的惯用格式，使用的范围很广，使用频率也很高。

3. 日常应用文

日常应用文是人们在日常生活中用来处理日常事务的一般应用文，如书信、启事、请柬、讣告等。日常应用文与人们的日常生活、人际交往活动关系密切，使用范围很广，虽然也有一定的格式，但不十分严格，写作较灵活自由。

4. 经济应用文

经济应用文是人们在经济领域中经常使用的反映经济情况、处理经济事务、解决经济问题的专用文书，如市场调查报告、市场预测报告、可行性研究报告、经济合同、广告、招标书、投标书等。这类应用文专业性强，格式较为固定。写这类应用文需要有一定的经济方面的专业知识和经济领域的实践经验。

5. 诉讼应用文

诉讼应用文是案件的当事人或其他诉讼参与人为保护和实现自身的合法权益、依照法定的诉讼程序制作的具有法律效力或法律意义的专用文书，如起诉状、上诉状、答辩状、申诉状等。这类应用文格式固定，写作时需要了解诉讼程序，熟悉有关的法律条文。

6. 新闻宣传应用文

新闻宣传应用文是以大众传播工具为媒介，用来传播信息、沟通情况、报道新近发生的具有新闻价值的真实事件或本单位的工作动态和情况的一类文体，如消息、通讯、评论、简讯等。

7. 学术论文

学术论文是对科学技术领域某一学术课题进行专门探讨和研究，发表自己的学术研究见解或成果，记载表述科学技术研究结果或质疑商榷问题的应用文。高等学校学生毕业前所写的毕业论文，也是一种学术论文。

二、应用文的特点

应用文是一种实用性很强的文体，与其他体裁的文章一样，应用文写作要遵循文章写作的一般原则，但在形成和发展的过程中，应用文逐渐形成了自己独有的特点，这是我们在写作应用文时必须注意的。

1. 鲜明的实用性

应用文的写作目的非常明确，就是实用。应用文大多从本部门、本行业和个人的实际出发，或传达领导意图，或商洽工作，或交流情况，都是根据实际工作的需要或根据实际问题而制发的，有着明确的实用目的，即具有现实的功利性。一般文学作品或其他文章，虽然也有一定的实用性，也讲求社会效果，但那是潜在的功利性，相对来说实用性不如应用文那样直接明显。文学作品往往先作用于读者的理智和情感，然后才能产生某种社会效果，而且这种社会效果是间接的。而应用文却具有直接性，它往往略过感染读者的过程而直接产生某种社会效果，如通知就是告知人们某件事，广告则是广泛地传递某种信息。如果说一般文学作品的主要功用在于审美，那么应用文的主要功用则在于实用。可以说，鲜明的实用性是应用文最根本的特征。

2. 内容的真实性

应用文的实用性决定了内容的真实性。一切文章都要求真实，但文学作品所讲的真实是生活的真实和艺术的真实。文学作品可以虚构，其中的人与事不等于现实中的人与事，文学作品的材料虽然来自生活，却又是经过艺术加工的，高于生活，属于生活的真实和艺术的真实，源于客观事物的本质属性。而应用文所讲的真实则是生活的原本真实、事实的真实，所反映的事物是客观实际存在的真实，所使用的材料是有根有据、准确无误的真实。应用文写作既不允许夸大或缩小，也不允许杜撰虚构，任何一个具体的数字，甚至一个百分比都应当是真实准确的。

3. 格式的程式性

文学作品的生命在于独创，最忌雷同。而应用文在长期的使用过程中，为了提高它的效率，更好地发挥它的效用，逐渐形成了约定俗成或规定的惯用格式和语体文风，即所谓程式性。这些惯用格式，有些是约定俗成的，是人们在长期的使用中逐渐形成的，如合同、规章制度、书信等；有些则是国家有关部门为了实际需要而统一规定的，如国务院发布的《国家行政机关公文处理办法》规定了行政机关公文的写作格式。这种明确的规定和约定，不仅使应用文的处理科学化，也体现出了应用文所应有的约束力和严肃性，并为应用文的立卷、归档提供了方便。应用文格式的这种程式性，与文学作品写作只要求体裁规范完全不同，我们在写作时必须完全遵守应用文格式的程式性。

4. 较强的时效性

文学创作一般不强调时效性。古今中外的一些文学名著，大多是经过作家长时间的修改才完成的。以"推敲"故事闻名于世的苦吟诗人贾岛曾称自己的诗作是"两句三年得，一吟双泪流"。但应用文的写作却不能如此慢工细作，应用文比较强调时效性，有时甚至特别强调时效性，即要求作者在规定的时间内完成。因为应用文是为了解决具体问题和处理具体事务而写的，而问题的解决和处理又必须在一定的时间内方才有效。如通知、请示、报告、计划、合同等必须按时行文，如果拖的时间过长，不及时行文，就会错过时机，贻误工作，甚至会给我们的工作、学习和生活带来严重的影响。

5. 语言的平实性

文学作品要吸引读者去阅读，往往需要对人物进行细腻的刻画，对环境进行描绘和渲染等，因而讲究文采，力求用生动活泼的语言把作者的思想感情委婉地表达出来，让读者去思考和回味。而应用文对社会生活的作用是直接的，是用来解决实际问题的，因而作者在写作中往往根据处理事务和文种的要求，用最朴实的语言、最简练的文字，把内容直截了当、清楚明白地表述出来，以解决实际问题。大多数应用文的语言不尚奢华，而力求简洁平实，只有少数的应用文，诸如一般书信、广告、解说词等几种应用文的语言具有文艺性。这是应用文有别于文学作品的又一特点。

三、应用文写作的方法

要写好应用文，必须学习、掌握应用文写作的科学方法。

1. 熟悉党和国家的方针政策及有关法规、规定，提高思想认识水平

应用文写作是法规性、政策性很强的工作，不仅在内容方面会涉及党和国家的方针政策、法律法令和法规制度以及上级指示等，就是一事当前，对该事件应如何处置，都会有种种问题。例如，该用什么文种，该采取什么态度，该用什么指导思想，适用哪一条款的法律、法规，写好的文章还要经过什么程序，等等，都必须清楚明白。要保证应用文写作的质量，必须努力提高应用法律法规和政策的水平，提高思想认识水平。

2. 掌握各类应用文的基本格式，合乎规范

应用文大多有固定格式。这个格式规范是长期以来凝练形成的，有的由行业做出规定，有的则由法规进行规定。如公文的格式，应按中共中央办公厅、国务院办公厅联合印发的《党政机关公文处理工作条例》的规定；行政机关公文，则应按照国务院发布的《国家行政机关公文处理办法》的规定；合同，要按照《中华人民共和国合同法》的规定，不得随意更改格式规范。如果不按规定的格式写作，各搞一套，便会产生理解上、执行上的不一，导致紊乱，影响办事，或造成损失。同时，在平时的学习中，要根据自己所学的专业和未来的职业领域，重点掌握相应文种的写作要求，如经济管理专业的学生应重点掌握经济类应用文的写作格式和技巧等。

3. 拓展知识面，熟悉相关业务

应用文写作要求较高，必须具备多方面的知识。当今是知识爆炸的时代，必须多读书、多读报，尽量使自己有较丰富的社会知识、历史知识及先进的科学文化知识和业务知识等。应用文的作者多是各行各业的实际工作者，这就要求作者必须精通业务，熟悉本行业、本单位的基本情况，只有熟悉了有关情况，掌握了丰富的专业知识，才能在写作中把事情叙述清楚，把道理讲明白，把要求讲明确。如拟写一份经济合同，不仅要了解《中华人民共和国经济合同法》，而且要熟悉销售方面和生产方面的情况，否则，很难拟写出合格的合同。

4. 善于借鉴，勤于练习

多借鉴应用文写作的范本。通过范本的阅读，可以潜移默化地把他人的经验变成自己的体会，在自己的写作中产生作用。阅读是写作的先导和基础，多读范文，从感性认识入手；结合文体知识，在借鉴的基础上学习是提高写作能力的重要途径；勤写多练，在写作实践中掌握技巧，是从业者往高处攀爬的"捷径"。宋代文学家欧阳修在被问到怎样才能写好文章时回答："无它术，惟勤读书而多为之，自工。"意思是只要多读多练，文章自然能工巧。写作是一种能力，知识向能力的转化，必须凭借实践的环节，只有勤于练习，才能提高写作能力。

第一章 日常文书

日常文书是指单位或个人在日常工作和生活中为了相互交流、沟通、表达意愿或作为凭据而普遍使用的具有惯用格式的文书。它是沟通上下的渠道，是联系左右的桥梁，能推动各项工作有序、顺利地进行。日常文书在日常工作、生活中有非常重要的作用。本章我们学习便条、条据、启事、海报和证明的写法。

第一节 便 条

【学习目标】

1. 了解便条的概念和特点。
2. 掌握便条的写作格式和要求。
3. 学会写作便条，并能根据需要恰当运用。

【案例导入】

星期五的早上，2019 级的李君同学想请假回家办理身份证，就写了一张请假条给班主任王老师，全文如下：

> 老师，我有事，想回家一趟，特请假。
>
> 　　　　　　　　　　　　　　　　　　　　　　　　　李　君

班主任王老师看到这张请假条后，不但没有批假，反而批评了李君同学，你知道为什么吗？

【范例感知】

例文 1

请 假 条

李老师：

  昨夜我突然发烧，经医生诊断为重感冒。今晨我仍觉头昏脑胀、四肢无力，特请病假一天（有医院病休证明），请予批准。

学生　赵小明
2019 年 10 月 9 日

例文 2

请 假 条

陈老师：

  我因要参加校学生会的活动，不能正常到班上课，特请假两天（12 月 4 日—12 月 5 日），特此请假，请批准。

学生　李　兰
2019 年 12 月 4 日

【知识点睛】

一、便条的概念与种类

1. 便条的概念

便条是一种具有一定格式、内容单一、书写简便、使用广泛的条据类应用文，是人们用于处理临时性事务的一种最简便的书信。在日常生活中，有些事要向对方说明、解释，或者出于手续上的需要，要留作证据的，都可以使用便条。

2. 便条的种类

常用的便条有请假条、留言条、托事条等。随着现代通信技术的发展，特别是移动通信工具的普及，留言条、托事条已经越来越多地被取代，只有请假条还较为常用。在此重点讲解请假条。

请假条是指因病或因事而不能按时上班、上学或参加约定的活动，向有关人员或负责人说明情况和请求给予告假的条据。请假条应由本人亲自撰写，若因故由他人代写的，应加以说明。

二、请假条的结构与写法

各种便条的写法大体相同,此处主要介绍请假条的格式和写法。请假条的基本格式包括标题、称呼、正文、祝颂语、落款五部分。

(1) 标题。第一行居中写名称,如"请假条"。

(2) 称呼。向谁请假,第二行顶格写对此人的称呼并加冒号,以示尊重。

(3) 正文。称呼之下另起一行空两格写正文,将所要表达的意思简洁明快地写出来。

(4) 祝颂语。可视具体情况写下"十分感谢""此致　敬礼"等礼貌性的话语,也可不写。

(5) 落款。署名和时间,写于正文右下方。

三、请假条的注意事项

(1) 请假人。多数情况下为请假者本人。请假者因特殊情况确实无法亲自书写请假条,需要别人代写的,要注明代笔人。

(2) 向谁请假。一般为部门领导或老师。不宜直接称呼其名,但也不必采用敬称,一般称呼其职务,如李经理、张老师。

(3) 请假原因。请假原因要交代清楚,不可泛泛而谈。如只是简单地说自己因病请假或因有事请假,还不足以构成请假的理由。到底生的什么病非请假不可,因为什么具体事情必须请假,都要交代清楚。

(4) 请假时间。请假条一定要交代清楚请假的起止时间,以方便对请假人作考勤记录。

无论是在上学期间还是在工作之后,有事请假,并按规定的要求写请假条是任何单位最基本的工作制度之一,十分重要,必须遵守。

【案例展示】

李君拟写的请假条如下:

请 假 条

王老师:
　　我因需要办理身份证,今天不能到班上课,特请假一天,请予批准。

李　君
2019 年 12 月 6 日

【能力训练】

1. 根据所学知识,对下面的请假条进行修改。

> 尊敬的李老师:
> 　　昨晚大雨滂沱,您的学生我因没带雨伞,被淋成落汤鸡!回家后不幸发起了高烧,以至于今天无法到校聆听您的教诲,万般无奈,现在只好向您请假,还望老师多多原谅学生的过错,批准学生休息。
> 　　此致
> 敬礼
>
> 　　　　　　　　　　　　　　　　　　　　　　您的学生:王　丽
> 　　　　　　　　　　　　　　　　　　　　　　2019 年 9 月 24 日

2. 2019 年 10 月 15 日下午,李明同学因参加团委组织的朗诵比赛无法到班上课。请帮他给班主任王老师写张请假条。

第二节　条　据

【学习目标】

1. 了解条据的概念和特点。
2. 掌握条据的写作格式和要求。
3. 学会写作条据,培养证据意识和契约意识。

【案例导入】

　　王飞借给张宗祥 20 万元,并让张宗祥写了借条,约定一年后归还欠款及利息。想不到张宗祥在借条署名时玩了个花招,故意将"张宗祥"写成"张宗样"。王飞当时也没有注意。到还款期后,王飞找到张宗祥催要借款,谁知张宗祥却以借条署名不是自己为由不愿归还。无奈之下,王飞将张宗祥告到法院。尽管法院支持了王飞的主张,但他也因没有仔细查看借条而付出了很大的代价。如果你是张宗祥,你应该怎样写借条?

【范例感知】

例文1（1）

借 条

今借到学校"学生互助基金"伍佰元整，下月5日前归还。

此据

李 梅

2019年10月9日

例文1（2）

今 借 到

校体育室篮球伍只、乒乓球拍叁副、羽毛球拍壹副，明日归还。

2018级机电班经手人 黄小飞

2019年5月6日

例文2

欠 条

由于所带现金不够，尚欠财务处住宿费柒佰元整，明日还清。

2019级供电班 尚元伟

2019年9月9日

例文3（1）

收 条

今收到市"帮学助困基金会"资助我的学费人民币叁仟元整。

红山技校2018级数控班 丁 鹏

2018年10月9日

例文3（2）

今 收 到

新亚公司赠与我校的惠普22一体机电脑壹台、惠普M30W型激光打印机壹台及电脑桌壹张。

市职业培训学校（盖章）

2018年10月9日

【知识点睛】

一、条据的概念与特点

1. 条据的概念

人们在工作和生活中,常常为办理涉及钱财和物品的各种手续而留下存根,或者为说明某种情况和理由而留下字据,这种作为依据的字条就叫作条据。由于涉及钱、物的处理并具有法律效应,所以条据写作要慎重、规范,条据的交付也以直接面交为宜。

2. 条据的特点

(1)简便性。条据内容简单,应用广泛,务去陈言赘语,篇幅一般较短,写起来简便,看起来方便。

(2)凭证性。条据或多或少都有一定的凭证作用,关系到当事人的切身利益,许多单据还具有法定证据的效力,必须认真慎重。内容要符合有关法律法规,权利与义务规定严密、完备,表述要十分准确、规范、无歧义,重要信息不遗漏。

(3)约束性。条据一经签订,一般对签约的各方就有了约束力,特别是经济性质的条据。

二、条据的种类

条据大致有借条、欠条、收条等几类。

1. 借条

借条又叫借据,是一方向另一方借取实物或款项后向对方出具的书面凭证。正文中应明确写清向谁借、借了什么、借了多少、归还期限等内容。向单位借钱借物还应写明其用途。

借条是一种非正式契约,通常在归还了钱物后,由立据者收回或当场销毁。如果发生纠纷,借条是最有力的直接证据,提起诉讼时不需要出示其他证据,就能完全支撑诉讼请求。

2. 欠条

欠条是个人或单位在欠款、欠物时写给有关单位或个人的凭证性应用文,也有人将其称为"白条"。欠条所发生的事实是多种多样的,因素非常复杂。借取行为发生后,如果借取方在归还所借财物,只能归还其中一部分而不能全部归还时,则应为出借方立下欠条;在购买物品或收购产品时,因不能支付或不能全部支付他人的款项时也要写欠条;借了个人或单位的钱物,事后补写的凭证,也可以称作欠条。

有时现实中也存在着因胁迫、赌债等非正常原因而写下欠条的情况,所以,单一的欠条本身并不能够充分证明债务关系存在的合法性及合理性。特别是在对方当事人对欠条存有异议时,欠条就存在证据瑕疵,必须与其他证据相佐证才能确认其效力。因此，虽然欠条的格式、份数、处理方法与借据大致相仿，但证据效力远不及借条。

3. 收条

收条也称收据，指在收到个人或单位的钱物后，专门立下的凭据。收条可写一份，也可采用两联单或三联单的形式，以便日后核实之用。采用两联单或三联单时，第一联是存根，第二联或第三联在加盖公章后交付对方，作为凭证。

三、条据的结构与写法

条据不属于书信体，基本格式包括标题、正文、结束语、落款四部分。

1. 标题

根据条据性质写明条据的标题，如"借条""收条"等，居中写在第一行。

2. 正文

多以"今借到""今欠""今收到"等开头。条据的内容主要写明条据事项（收到谁的、借到谁的、欠谁的），出具条据的原因，数量（如果是手写的条据，数量词一定要用中文的大写）。本部分是条据的核心，要表达明确，以免发生纷争。

3. 结束语

正文之下另行空两格写"此据"或"特立此据"等字样，后面不加标点符号。

4. 落款

在条据的右下方署名，以身份证上的名字为准。单位出具的条据应署单位的全称和经手人的姓名，需加盖单位印章，同时经手人签字。

立据的时间要写全写清，包括年、月、日。不写明日期的条据，一旦发生纠纷，事实真相常常难以查清，也容易给诉讼时效的确定造成困难。

四、条据写作的注意事项

（1）写条据时，表述要清楚规范，用词要准确简明，防止语言歧义，一般只写事实，不用说理分析。字迹要端正清楚，不要用铅笔或红笔书写，最好用黑色中性笔书写。

（2）条据中涉及的物品，要写明名称、规格、数量；涉及的金钱，要写明金额，大小写兼有，数额要一致，并须在数字之前注明币种。大写汉字的写法：零、壹、贰、叁、肆、伍、陆、柒、捌、玖、拾、佰、仟、万。数字前不留空白，数字后面要写上"整"字。

（3）合同法规定，自然人之间的借款合同对利息没有约定或约定不明确的，视为不支付利息。依照相关法律规定，民间借贷的利率可以适当高于银行利率，但最高不得超过银行同期贷款利率的四倍（包含利率本数），超出此限度的，超出部分的利息不予保护，而且，出借人不得将利息计入本金谋取高利，若是将利息计入本金计算复利的，其利率超出前述四倍限度时，超出部分的利息不予保护。所以，在民间借贷中,对利息的约定一定要符合法律规定,并且要约定明确,不要因是亲朋好友,碍着面子口头约定而不书面写明收取利息及利息标准。

条据一般一经签订,对签约的各方就有了约束力,特别是经济性质的条据。因此,条据写得是否准确,权利与义务规定得是否严密、完备,关系到当事人的切身利益,影响到发生纠纷时是非曲直的判断和鉴别。所以,写条据时,必须认真慎重,熟悉各类条据的格式及写法,决不可掉以轻心。

知识链接一

避免歧义

李×从周×处借得10万元,给周×出具了借条。一年后,李×归还5000元,遂要求周×把原借条撕毁。李×又给周×出具了一个借条,内容为:"李×借周×现金拾万元,现还欠款伍仟元。"这里的"还"字既可以理解为"归还",又可以解释为"尚欠"。过了一段时间,李×又送还5000元,说:"我现在不欠你的钱了。"周×一纸诉状将李×告上法庭,但根据民事诉讼法相关规定,"谁主张,谁举证",周×不能举出其他证据证实李×仍欠其9万元,因而其权利没有得到保护。

知识链接二

借条与欠条的区别

日常生活中,有人可能认为借条与欠条是一样的,其实,两者在法律上有较大的区别。

1. 借条证明借款关系,欠条证明欠款关系。借款肯定是欠款,但欠款不一定是借款。

2. 借条形成的原因是特定的借款事实。欠条形成的原因很多,可以基于多种事实而产生,如因买卖产生的欠款、因劳务产生的欠款、因企业承包产生的欠款、因损害赔偿产生的欠款、因犯罪行为产生的欠款等。

3. 当借条持有人凭借条向法院起诉的时候,由于通过借条本身较易识辨和认定当事人之间存在的借款事实,借条持有人一般只需要向法庭简单地陈述借款的事实经过即可,对方要抵赖的话一般很困难。但是,当欠条持有人凭欠条向法院起诉的时候,欠条持有人必须向法官陈述欠条形成的事实,如果对方对此事进行否认、抗辩,欠条持有人必须进一步证明存在欠条形成的事实,向法庭说明欠款形成的原因及提供相关的证据。

借条与欠条同属于债权凭证,但在法律性质上却有重大区别。为了更好地保护自身的合法权益,要规范地书写借条和欠条。

知识链接三

条据忌讳

一忌空白留得过大。条据的内容部分与签章署名之间的空白留得太大，容易被持据人增添补写其他内容，或将原内容裁去，在空白处重新添加内容。

二忌用褪色墨水书写。用圆珠笔或其他易褪色的墨水书写条据，倘遇保存不当、受潮或水浸时，字迹会变得模糊不清，并为某些别有用心的人用化学制剂涂抹留下可乘之机。

三忌不写条据日期。不写明日期的条据，一旦发生纠纷，事实真相常常难以查清，也会对诉讼时效的确定造成困难。

四忌条据内容表述不清。有的条据将"买"写成"卖"，"收"写成"付"，"借给"写成"借"等，都极易颠倒是非。

五忌名字不写齐全。条据上有姓无名或有名无姓，都会给对方留下行骗的口实和赖账的把柄。

六忌不认真核对。请别人或由对方书写的字据，应字字斟酌，认真审核，不能稀里糊涂地签字盖章。

七忌使用同音同义字。姓名不要用同音同义字、多义字代替，否则也容易发生责任不清的纠纷。以身份证上面的名字为准，这样才具有法定的效力。

八忌印鉴不规范。由他人代笔书写或者代笔签名，而本人只在上面按一个手印的条据，发生纠纷时，也很难认定责任。

九忌还款时不索回条据。还款还物时，对方若称一时找不到借条，应该让其写一张收据留存，这样才不至于留下隐患。

【案例展示】

张宗祥应出具的条据如下：

借 条

今借到王飞人民币贰拾万元整（￥200000.00），月利率2%，将于×年×月×日前归还全款及利息。

此据

张宗祥
××××年×月×日

【能力训练】

1. 阅读下面的条据，请将其中的错误找出来并改正。

```
                    收  条
今学生处金×同志收到计算机 2019 级 301 班交来体检费共计贰佰元。
                                          金   ×
                                     2019 年 9 月 21 日
```

2. 根据下列材料，拟写一份条据。

王某向孙某借款 5000 元，并为孙某出具借条一份。一年后，王某归还 2000 元，遂要求孙某把原借条撕毁，并重新为孙某出具一份条据。这份条据应该怎样写？

第三节　启　事

【学习目标】

1. 了解启事的概念和种类。
2. 掌握启事的写作格式和写作要求。
3. 能写作规范的启事，并能根据需要恰当运用。

【案例导入】

王阳在打篮球的时候把一件牛仔夹克放在篮球场边上，结果打完篮球后忘记穿上，再去找的时候已经不见了。他写了一份寻物启事，张贴于学校操场边的张贴栏。

```
  哪位同学捡到一件衣服，请交还给王阳。
                                     2019 年 10 月 9 日
                                          王   阳
```

设身处地思考一下，如果你捡到衣服，你知道怎么还给王阳吗？为什么？

【范例感知】

例文 1

寻人启事

10 月 8 日上午 10 时左右，我带女儿去金鹰商厦购物，女儿不慎走失。女儿姓名王晓，3 岁，身高 60 厘米。圆脸，双眼皮，头上夹一大红色蝴蝶结发卡，上身穿鹅黄色羽绒服，下身穿蓝色牛仔裤，脚穿红色皮鞋。如有人发现或知道线索，请速与我联系，一定重谢。联系电话：×××××××××××。

李××

2019年10月8日

例文 2

江苏省盐南高新区高新技术产业发展服务中心招聘启事

因工作需要，江苏省盐南高新区高新技术产业发展服务中心面向社会公开招聘科技工作人员4名，现将有关事项公告如下：

1. 具有中华人民共和国国籍，享有公民的基本权利；坚持四项基本原则，拥护中国共产党的路线、方针、政策。

2. 遵纪守法，品行端正，爱岗敬业，廉洁奉公，有较强的事业心和责任感，无不良从业记录，无违法犯罪记录。

3. 身体健康，具备适应岗位要求的身体条件。

4. 符合招聘岗位要求的条件，具有良好的沟通表达、学习能力和团队合作意识。

招聘岗位：

（一）科技统计工作人员　　1名

1. 35周岁及以下（1985年1月1日后生），本科及以上学历，专业不限；
2. 具有较强的文字功底、良好的语言表达和综合协调沟通能力；
3. 具有县（市、区）经济部门或省级以上高新区等园区工作经历的优先；
4. 具有统计、会计等相关工作经历和职称的优先。

（二）科技统计工作人员　　1名

1. 35周岁及以下（1985年1月1日后生），本科及以上学历，专业不限；
2. 具有较强的文字功底、良好的语言表达和综合协调沟通能力；
3. 具有县（市、区）经济部门或省级以上高新区等园区工作经历的优先；
4. 具有文字综合岗位工作经历或文科类专业的优先。

（三）科技创新合作工作人员　　2名

1. 30周岁及以下（1990年1月1日后生），本科及以上学历，专业不限；
2. 具有较强的文字功底、良好的语言表达和综合协调沟通能力；
3. 具有县（市、区）经济部门或省级以上高新区等园区工作经历的优先；
4. 具有海外留学经历，外事、科技项目合作等工作经历的优先。

报名时间：2020年2月24日至2020年2月28日。

报名方式：本次招聘采取线上报名方式进行，材料发至yngxjszx@163.com。

联系人：郭浩。

联系时间：8：30—12：00，14：30—18：00。

电话：0515-86669595。

例文3

"我与改革开放40周年"主题征文活动启事

今年是改革开放40周年。改革开放给中国带来巨大变化和发展，中国人充分享受到了改革开放的成果。为纪念和回顾改革开放这一伟大历史进程取得的实践经验和伟大成就，中共芜湖市直机关工委、芜湖日报报业集团即日起在全市开展"我与改革开放40周年"主题征文活动。

一、征文内容

紧紧围绕改革开放40周年，以"参与见证受益"为主题，讲述在学习、工作中亲身参与的改革开放事件和故事，亲眼见证衣食住行等生活中的点滴变化，真切感受改革开放所带来的实在而多元的红利，具体、细微地再现过去，鉴照当下，激励未来。

二、征文对象

以市、县区直属机关党员为主，同时欢迎企业、农村、学校等基层党组织的党员同志踊跃参加。

三、征文要求

征文篇幅1000字以内。标题自拟。内容真实，语言通顺，事例生动，感情真挚。

四、奖项设置

征文活动设置一等奖、二等奖、三等奖、优秀奖和优秀组织奖若干名。

五、提交方式

以基层党委、党总支、党支部为单位组织党员积极参加，于2018年10月31日前提交征文。党员个人也可直接提交。征文电子版发送至芜湖日报报业集团指定的邮箱Wb3838110@163com。邮件标题请注明"我与改革开放40周年"征文。

中共芜湖市直机关工委　芜湖日报报业集团
2018年9月12日

【知识点睛】

一、启事的概念和种类

1. 启事的概念

"启"含有陈述的意思,"事"即事情,"启事"就是公开陈述某件事情。启事是单位或个人有事向大家解释、说明、告知或者希望大家协助解决时,张贴在公共场所或登在报纸杂志上的简明扼要的告知性的应用文书。启事不具有政策性、法规性,因此没有强制性和约束力,公众可以根据启事的要求,自行决定是否参与。

启事的内容要完整,条理要清楚,逻辑要严密。

2. 启事的种类

根据事情内容的不同,启事可以分为多种。常用的启事有寻人启事、寻物启事、失物招领启事、征婚启事、征文启事、招聘启事、招生启事、招工启事、招商启事等。

二、启事的结构与写法

启事的种类繁多,结构与写法也不完全一样,通常由标题、正文、落款三部分组成。

1. 标题

标题的字体应大于正文字体,位于首行居中。标题一般由启事的内容和文种两部分组成,如"寻人启事""招聘启事"等;如果是公务启事,标题一般由单位名称、内容和文种组成,如"××公司招聘网络工程师的启事";也有的启事标题只写"启事"或只写内容,如"招工""征文"等。

2. 正文

正文从标题下一行空两格开始写。

正文的内容一般要写明发布启事的原因、目的、内容、要求等。在正文开始部分,以简明的文字说明发布启事的主要目的,使人迅速明白启事的主要意图。有的启事需进一步讲清提请公众注意和参与的具体内容及方式。如招聘启事应该在这部分讲清招聘职位、应聘条件、应聘方法等;寻物启事要讲清要求大众给予何种协助,有时还需要有酬谢承诺;招领启事既要说明物品的主要特征,又不能说得太具体,以免有人冒领。

正文的结尾,常用"此启""特此启事"等结束语,也可不写。

3. 落款

在正文的右下方署上发布者(单位或个人)的名称,并注明启事日期。如果是单位,最好盖上公章。

三、启事写作的注意事项

（1）启事的事项要严密、完整，不遗漏应启之事。启事内容较多的，应分条立项，也可用不同的字体或字号以示区别，使启事内容醒目。

（2）启事的写作要态度诚恳、措辞礼貌，不要使用命令式或带有要挟性的语言。

（3）要正确标示文种名称，"启事"不能写成"启示"，更不能用"通知"之类。

【案例展示】

王阳写的寻物启事格式如下：

> **寻物启事**
>
> 　　本人由于不慎，今天下午在篮球场丢失一件森马牛仔夹克，有捡到的同学请与王阳联系，电话13012341234。万分感谢！
>
> 　　　　　　　　　　　　　　　　　　　　　　　王　阳
>
> 　　　　　　　　　　　　　　　　　　　　2019年10月9日

【能力训练】

1. 指出该启事的不当之处，并进行改正。

> **启　事**
>
> 　　本人于11月1日，在学校遗失苹果手机一部。望拾到者与本人联系，当面酬谢。联系电话：13812341234。
>
> 　　　　　　　　　　　　　　　　　　　　2019年11月2日
>
> 　　　　　　　　　　　　　　　　2018级动漫班　张　明

2. 根据材料写作。

2019级机电一体化专业的李强同学12月4日在学校食堂门口捡到一个黑色钱包，内有60元钱、一张银行卡、一张校园一卡通。请帮他写一则启事寻找失主。

第四节 海 报

【学习目标】

1. 了解海报的概念和种类。
2. 掌握海报的写作格式与写作要求。
3. 能写出规范的海报，并能根据需要恰当运用。

【案例导入】

××职业技术学院学生会邀请著名企业家×××来校做"创业历程"报告，为此，学生会要贴出海报，使尽可能多的同学知道、参与此事。

【范例感知】

例文 1

海 报

为了丰富大家的业余生活，我院于 4 月 30 日晚 7：30 在院礼堂举行歌舞晚会，欢迎同学们前往观看。

信息工程学院
2019 年 4 月 28 日

例文 2

球 讯

经过三周的预赛，机电学院与汽车学院的小伙子们一路过关斩将，取得本届"星光杯"足球决赛资格。现定于 6 月 9 日下午 3 时在足球场举行决赛。两支劲旅狭路相逢，赛事一定精彩激烈。冠军究竟为谁所得，欢迎全校师生届时亲临赛场，一睹风采。

校学生会
2019 年 6 月 4 日

【知识点睛】

一、海报的概念和特点

1. 海报的概念

海报是向公众告知文艺演出活动、体育竞赛活动、报告会、展览会等有关举办信息的招贴性文书。海报这一名称起源于旧上海，当时人们把职业性的戏剧演出称为"海"，把发布戏剧演出信息的张贴物称为"海报"。随着现代信息技术的发展，海报除了张贴外，还常常通过报纸、广播、电视及其他媒体传播。

2. 海报的特点

（1）告知性。海报往往通过一定的感情语言告知一定范围内的人们，让人们了解某些情况、参与某项活动、光临某种特定场合。

（2）时效性。海报迅速、明快，及时向大众报道、介绍有关戏剧、电影、体育比赛、文艺演出、报告会等方面的消息。

（3）新颖性。海报的内容独特，自成体系，海报的制作者可以对海报的内容进行艺术处理，使其具有鼓动性和感召力。多数海报都加以美术设计，以使之醒目、美观。

二、海报的结构与写法

海报一般由标题、正文和落款三部分组成。

1. 标题

标题通常有以下几种形式：

（1）单独由文种名构成，即在第一行中间写上"海报"字样。

（2）直接将活动的内容作为题目，如"球讯""元旦文艺晚会""校园摄影展"等。

（3）可以是一些描述性的文字，如"×××再显风采""××旧事重提"。

2. 正文

正文一般包括两个方面的内容，即实质性内容和点缀性内容。

实质性内容通常写三个方面的内容：一是活动的背景、目的、意义；二是活动的内容、时间、地点等；三是参与的办法以及有关注意事项，如是否凭票入场，票价及售票时间、地点等。内容简单的用一段文字说明，内容稍多的可以分项排列。这是海报的核心内容。

点缀性内容分两类。一类是为了渲染气氛、吸引公众而写的具有鼓动性的标语。有一张题为"大型民族音乐舞蹈诗画——绿宝石"的海报这样写："精彩诠释男人和女人的故事；真孔雀的舞蹈、杂技般的惊险、魔术般的变幻、自然流转的音乐、千变万化的灯光、风情独特的服饰——让您叹为观止，过目不忘。"这类内容视宣传效果,或写在文首,或写在文末。一类是为了凸显活动主题、特色的标语。比如,"2015年第六届全球新能源汽车大会"的海报这样写:"重新定义汽车——新技术新模式新生态"。这类内容通常写在标题的上面或下面,起画龙点睛的作用。

3. 落款

右下角署上主办单位名称和日期,如果标题或正文中已写主办单位的,只写制作日期。一些商业性质的海报可省略落款。

三、海报的制作注意事项

(1)内容必须真实,不可夸大失实。

(2)语言简洁明快,具有一定的形象性和鼓动性。

(3)可根据内容的需要,配以象征性的图案或图画,但必须与海报的内容相一致,色彩和构图要给人以美感。

> **知识链接**
>
> **启事与海报的区别**
>
> 启事与海报是现代社会使用频率较高的告启性应用文,都可在公共场所张贴,但两者有明显的不同之处。
>
> 1. 使用范围不同。启事使用的范围较广,而海报多用于电影、戏剧、比赛、文艺演出等活动。
>
> 2. 公布方式不同。海报一般只用来悬挂和张贴,而启事可张贴、可刊发,还可用广播、电视播放。
>
> 3. 制作形式不同。启事的制作形式较单一,一般只用文字说明,而海报的制作要做到新颖美观,除文字外,还可以做艺术加工。
>
> 4. 使用对象不同。启事单位或个人均可使用,而海报多是单位使用,个人一般不用。

【案例展示】

学生会贴出的海报格式如下:

海　报

　　你想与成功者分享成功的喜悦吗?你想一睹成功者的风采吗?你想学习如何创业吗?你想了解大企业家的创业历程吗?你想感悟创业的苦辣酸甜吗?请听著名企业家×××的精彩报告。

报告题目：我的创业心路

地点：学院大礼堂

时间：10月21日13点30分

×× 职业技术学院学生会

2019年10月19日

【能力训练】

1. 指出下文中的不当之处，并进行改正。

病毒泛滥与人类的关系

你想了解病毒泛滥与人类的关系吗？请来听专题报告。

题目：新型冠状病毒（2019-nCoV）、非典（SARS）

时间：10月25日

×× 大学公共管理系学生会

2. 根据提供的材料，按要求完成相关写作。

×× 职业技术学院学生会准备在本周六晚7时，举办新老生联谊晚会，请为该晚会拟名并写文告之全校师生。

第五节　证　明

【学习目标】

1. 了解证明的概念。
2. 掌握证明的写作格式和写作要求。
3. 能够写作证明，并能根据需要恰当运用。

【案例导入】

×× 技师学院学生刘静，在徐州市 ×× 公司实习了3个月。实习期间，刘静虚心向师傅请教，了解了专业的发展动向和最新知识，掌握了熟练的操作技能。刘静勤奋好学，尊敬领导，善于钻研，受到了实习单位的好评。实习期满后，刘静来到车间办公室，请主任为其写份实习证明。如果你是车间主任，如何拟写这份证明？

【范例感知】

证　明

××省××职业学院：

　　贵院××同志，原系我院建筑工程系副教授，××××年×月至××××年×月在我院工作10年。该同志思想政治素质好，有较高的业务水平，工作认真，曾多次被我院评为优秀教师。

　　特此证明。

××××单位（章）

××××年×月×日

【知识点睛】

一、证明的概念

证明是用可靠的材料来表明或断定人或事物真实性的应用文体。

二、证明的种类

证明的种类很多，有工作经历证明、工作经验证明、病情证明、留学生经济担保证明、学业成绩证明、财产证明、购房证明、收入证明等。写证明要求事实清楚，言简意赅。

三、证明的格式

1. 标题

居中写"证明"二字。

2. 主送机关

给哪个单位或机关开的证明，就写哪个单位或机关的名称。有时可以省略不写。

3. 正文

主要写明要证明的情况，要言简意赅，不要啰唆。

正文结束后要另起一行空两格，写上"特此证明"四个字。

4. 署名和日期

在正文右下角写上出具证明的单位或个人姓名，单位出具的要有单位公章。日期在署名的下面，要写上年、月、日。

【案例展示】

车间主任拟写的证明如下:

证 明

刘静同学于××××年×月至×月在我公司顶岗实习。实习期间,刘静吃苦耐劳,遵章守纪,团结同事,得到了师傅和同事的一致好评。刘静同学在××专业理论知识和操作技能上均有较大提高,是一名优秀的实习生。

特此证明。

××公司××车间(盖章)

××××年×月×日

【能力训练】

1. 请以××公司的名义,给××大学开具一份证明,证明该校机电学院2017级学生马莉曾于2019年2月至7月在××公司实习。

2. 你的初中同学李丽考入省重点高中后德、智、体诸方面表现较好,即将成为共青团组织的一名团员。请你以初中同班同学的身份,给她的现任班主任写一封证明她在初中期间表现的证明信。信的末尾可由初中所在学校签署意见。

第二章 事务文书

事务文书是指国家行政机关、企事业单位、社会团体和个人处理日常事务，开展工作时所用的实用性文书。事务文书是非法定文件，它的文种、体式、制发、效能等都是在工作实践中约定俗成的，具有广泛性、指导性等特点。本章主要介绍计划、总结、申请书、倡议书、投诉信和感谢信的写法。

第一节 计 划

【学习目标】

1. 了解计划的特点与种类。
2. 掌握计划的写作方法和写作要求。
3. 学会写作计划，根据需要恰当运用。

【案例导入】

张×是××公司的一名职工，工作非常努力。2018年年初，经理把张×叫到办公室，对他说："新的一年开始了，一年之计在于春，小张你准备一份年度工作计划，下周在公司大会作为代表发言。"张×欣然接受了任务，回去后开始起草工作计划。如果你是张×，能很好地完成这项任务吗？

【范例感知】

例文 1

××县水利局 2019 年度工作计划

我局 2019 年要以科学发展观为指导，认真贯彻区委会议精神，抓住机遇，开拓进取，务实创新，全力打好水利建设攻坚战。2019 年主要开展以下几个方面的工作。

一、提前谋划，全力做好防汛抗旱工作

继续落实防汛抗旱行政首长负责制和分级分部门负责制，抓好各项责任制的落实工作。修订、完善各类防汛抗旱预案，确保各类预案的可操作性和指导性。继续坚持 24 小时值班制度，确保防汛信息能够及时传达，同时加强防汛值班督查，为领导科学调度防汛工作提供依据。继续坚持检查督查制度，针对汛前查出的度汛安全隐患，督促相关责任单位和个人及时整改到位。同时检查各水库的防汛物资、抢险队伍、防汛预案和防汛资金的落实情况，在发生标准内洪水时，确保水库、城市和主要交通干线的防洪安全。在发生超标准洪水时，确保水库不垮坝和人民生命财产安全，把损失降到最低。在做好防汛工作的同时，全力做好抗旱工作，为全面夺取 2019 年防汛抗旱工作的胜利而努力奋斗。

二、抓好安全生产，全力以赴做好农田水利基本建设工作

积极争取省、市资金，进一步加快小型水利工程建设步伐，抓住今冬明春晴好天气的有利时机，在确保工程安全施工的情况下，着重抓好区级重点工程的进度和质量。以点带面，在全区范围内掀起水利兴修新高潮，全面完成上级下达的水利兴修任务，切实提高我区境内水利工程的防汛抗旱能力。在加快重点工程建设的同时，坚持加强基本建设管理，严格设计、监理管理，强化质量管理，加强计划和资金管理。总投资 60 万元的××乡防汛应急度汛项目将继续按照项目建设的要求规范运作，力争在 12 月底前完成任务；其他面上的水利工程，也将按照规划设计要求组织实施。

三、继续做好三项民生水利工程建设

一是水库移民后期扶持项目。对纳入扶持范围内的移民，能够发放到个人的，继续按照每人每年 1000 元发放，同时做好项目实施的前期工作。二是农村饮水安全项目。按照省市有关文件精神，认真做好水质的监测工作，同时按照年度计划要求，继续编制实施方案，保障农村居民饮到"安全水、放心水"。三是病险水库除险加固工作。在实施××水库除险工程的同时，认真做好 2019 年度××乡山头水库加固的各项前期工作。

四、加强项目编报，抓好招商引资工作

对已编制完成上报的××河综合治理项目、城市防洪规划、病险水库规划、水土保持规划、农村饮水安全和小型农田水利工程规划进行跟踪问效，请求国家和省市主管部门给予资金支持；同时继续对外招商，为已招商企业提供全方位服务，确保招商引资工作落到实处。

五、加大水政执法力度，促进依法行政

继续做好××河等河道的规范采沙行为，依法打击非法采沙等各类违法行为，维护正常的水事活动。强化水行政管理，依法征收河道采沙管理费和水资源费，扭转水资源管理关系，积极推进城乡水资源统一管理进程。

六、实施好"百村千幢"工作

及时成立区水利局"百村千幢"工程实施领导组，按照实施方案的总体要求，认真抓好古村落水利基础设施建设工作。

在上级部门的正确领导下，经过全体员工的共同努力，我们一定会圆满地完成本年度的工作任务。

××县水利局
2019年1月10日

例文2

外语学习计划（2020—2022年）

人力资源部　李想

本人外语基础较差，初中学习俄语，高中学习英语，来公司后学习的是日语。虽然样样懂点，但样样未学好。为了能够满足工作需要，必须有重点地安排外语学习，尽快提高外语水平。现制订如下学习计划：

一、学习目标

在原有外语水平基础上，集中力量在三年（2020—2022年）内提高日语和英语水平，具有借助工具书能独立阅读和翻译专业书籍的能力。

二、阶段安排

1. 2020年1月—2021年12月，用两年的时间集中精力学习日语。学完开放大学规定的教材后，自学标准化日语读本。

2. 2021年1月—2022年12月，用两年的时间学习英语，参加业余进修性质的英语高级班，并自学《新概念英语》。

三、主要措施

1. 跟班听课，按规定完成作业，课后听中级班日语广播讲座和高级班英语广播讲座。

2. 结合课内外学习，安排好自学任务。
3. 翻译日语和英语短文，每学期5篇。
4. 每半年总结一次学习情况，进一步研究提高学习效率的办法。

2020 年 1 月 2 日

【知识点睛】

一、计划的概念与特点

1. 计划的概念

计划是单位、部门或个人对未来一个时期的工作，或对将要开始的工作项目事先做出安排的一种应用文。计划不属于正式公文，通常是单位、部门或个人使用。

2. 计划的特点

（1）预测性。计划不是对已然事实和状况的描述，而是在行动之前对行动的任务、目标、方法、措施所做出的预见性设想。但这种预想不是盲目的、空想的，而是以上级部门的规定和指示为指导，以本单位的实际条件为基础，以过去的成绩和问题为依据，对今后的发展趋势做出科学预测之后制定的必要的、科学的、可行的目标措施；既用来指导工作实践，也有待于工作实践的检验。

（2）明确性。计划的目标、任务、要求、步骤、期限、方法、措施等都要十分具体而明确，这样才具有可操作性，才能保证计划的顺利实施。

（3）可行性。计划目标必须切实可行，既不能过高，又不能过低，否则都会使计划失去意义。

（4）约束性。计划一经通过、批准或认定，在其所指向的范围内就具有约束作用，无论是集体还是个人，都必须按计划的内容开展工作和活动，不得违背和拖延。当然，执行过程中还要根据主客观条件的变化，适时调整修订，所以，制订计划要留有余地。

制订计划，是工作有序、协调、高效运行必不可少的程序和措施。

二、计划的种类

计划是一个统称，按目标远近、内容详略、时间长短、成熟程度、创新要求等标准综合分类，可使用"规划""纲要""方案""安排""要点""构想""预案"等不同的名称。

1. 规划

规划适用于全局性的、纲领性的、战略性的部署，范围广泛、内容全面、具体、详尽，是全方位的计划。规划通常是用来定方向、定愿景的，带有一定的理想性、鼓动性，如《××学院十年发展规划》。

2. 纲要

纲要适用于全局性的、纲领性的、战略性的部署，但比规划内容简略，更概括，属原则性计划，如《全民健身纲要》《关于边远山区乡村的十年致富工程纲要》。

3. 方案

方案适用于对某一项较复杂的工作的规划设计，内容单一，筹划具体，是实施性计划，可操作性强，如《××学校人事制度改革方案》。

4. 安排

安排比方案内容更为单一，适用于一项活动，内容简略，通常只列出什么时间做什么即可，如《××商场圣诞节活动安排》。

5. 要点

要点一般比较概括，内容上偏重于做什么，适用于提示工作，不是具体的实施方案，可操作性差，如《××公司2020年工作要点》。

6. 构想

构想适用于具有创新性的工作，是宏观的、粗线条的计划，内容多数不太成熟，要付诸实施尚需论证，如《××市建立高新技术产业区的战略构想》。

7. 预案

预案与方案内容相似，适用于应对突发事件，预案制订出来不一定能付诸实施，如《××公司火灾事故紧急预案》。

三、计划的结构与写法

计划一般包括标题、正文和落款三部分。

1. 标题

（1）完整的标题。完整的标题通常由单位名称、时限、内容、文种四部分组成，如"××技师学院2020年度学生工作计划"。

（2）简略的标题。有的计划也可以省略单位名称，如"2019年度全民义务植树工作方案"。在专题性计划中可以省略时限，如"××学校第二期教师安居工程工作安排"。有时可以将单位名称和时限一并省略，如"科研工作计划"。

2. 正文

计划没有固定的格式，可以采用条文式、表格式，还可以采用条文表格结合式。条文式计划，主要用说明的表达方式，分条列项地表述内容，形式比较灵活；表格式计划，主要用表格的形式体现计划的项目和内容；条文表格结合式计划，以表格为主体，辅以简要的文字说明。

（1）前言。主要说明制订计划的依据、目的、指导思想及有关背景，回答"为什么做"和"能不能做"的问题。前言要简明扼要，表述时常用"为了……""根据……"之类的介词结构起句，最后用"为此，特制订计划如下"等过渡句转入主体部分。

（2）目标和任务。目标和任务是计划的灵魂和核心，回答"做什么"和"做到什么程度"的问题。要求提出明确的目标、任务和重要指标，如数量、质量、进度等。计划要对计划期所要完成的总目标、总任务进行科学分解，使各项任务既有质的规定，又有量的要求，做到目标明确、任务具体、要求清楚。

（3）措施和步骤。"措施"是为保证任务和目标的实现拟采取的举措和办法，包括如何组织领导，如何安排人力、物力、财力等。如需要创造什么条件，组织哪些人力、物力，每项任务怎样分工，哪个部门主管，哪个部门协同以及责任人等，都要具体明确，回答清楚"怎么做"的问题。"措施"必须针对实际，具体可行，便于落实。

"步骤"是执行计划、开展工作的程序和时间安排以及要求等，回答"何时做""什么时间完成"的问题。步骤要符合实际，合理有序，可操作性强。

目标、措施、步骤是计划内容的三要素，目标和任务明确，措施和办法得当，步骤安排合理，才便于执行。

（4）结语。可以提出执行计划时的注意事项，或强调工作的重点和主要环节，或展望计划实施的前景，或提出希望和号召，也可以不写。

3. 落款

说明计划的制订者和制订计划的日期。如果标题已写明制订单位名称，那么署名也可省略。单位计划如需呈送上级机关，一般要加盖公章。

知识链接

创业计划书

创业计划书是创业者计划创立的业务书面摘要。它用以描述与拟创办企业相关的内外部环境条件和要素特点，为业务的发展提供指示图和衡量业务进展情况的标准。通常，创业计划是市场营销、财务、生产、人力资源等职能部门计划的综合。

写好创业计划书要思考的问题：关注产品、敢于竞争、了解市场、表明行动的方针、展示你的管理队伍、出色的计划摘要。

一般来说，创业计划书应该包括创业的种类、资金规划及基金来源、资金总额的分配比例、阶段目标、财务预估、行销策略、可能风险评估、创业的动机、股东名册、预定员工人数等。具体内容一般包括以下十一个方面：

1. 封面

封面的设计要美观，有艺术性，一个好的封面会使读者产生最初的好感，形成良好的第一印象。

2. 计划摘要

它是浓缩了的创业计划书的精华。计划摘要涵盖计划的要点，以求一目了然，以便读者能在最短的时间内评审计划并做出判断。

计划摘要一般包括以下内容：公司介绍、管理者及其组织、主要产品和业务范围、市场概貌、销售计划、生产管理计划、财务计划、资金需要状况等。摘要要尽量简明、生动，要说明自身企业与其他同类企业的不同之处。

3. 企业介绍

这部分的目的不是描述整个计划，也不是提供另外一个概要，而是对你的公司做出介绍，因而重点是公司的理念和公司的战略目标。

4. 行业分析

在行业分析中，应该正确评价所选行业的基本特点、竞争状况以及未来的发展趋势等内容。

关于行业分析的典型问题：

（1）该行业发展程度如何？现在的发展动态如何？
（2）创新和技术进步在该行业扮演着怎样的角色？
（3）该行业的总销售额有多少？总收入为多少？发展趋势怎样？
（4）价格趋向如何？
（5）经济发展对该行业的影响程度如何？政府是如何影响该行业的？
（6）是什么因素决定着行业的发展？
（7）竞争的本质是什么？你将采取什么样的战略？
（8）进入该行业的障碍是什么？你将如何克服？该行业典型的回报率有多少？

5. 产品（服务）介绍

产品介绍应包括以下内容：产品的概念、性能及特性；主要产品介绍；产品的市场竞争力；产品的研究和开发过程；发展新产品的计划和成本分析；产品的市场前景预测；产品的品牌和专利；等等。

在产品（服务）介绍部分，企业家要对产品（服务）做出详细的说明，说明要准确，也要通俗易懂，使不是专业人员的投资者也能明白。一般而言，产品介绍都要附上产品原型、照片或其他介绍。

6. 人员及组织结构

在企业的生产活动中，存在着人力资源管理、技术管理、财务管理、作业管理、产品管理等，而人力资源管理是其中很重要的一个环节。

因为社会发展到今天，人已经成为最宝贵的资源，这是由人的主动性和创造性决定的。企业要管理好人力资源，要遵循科学的原则和方法。

在创业计划书中，必须对主要管理人员加以介绍，介绍他们所具有的能力，他们在本企业中的职务和责任，他们过去的详细经历及背景。此外，在这部分内容中，还应对公司结构做一简要介绍，包括：公司的组织机构图；各部门的功能与责任；各部门的负责人及主要成员；公司的报酬体系；公司的股东名单，包括认股权、比例和特权；公司的董事会成员；各位董事的背景资料。

经验和过去的成功比学位更有说服力。如果你准备把一个特别重要的位置留给一个没有经验的人,你一定要给出充分的理由。

7. 市场预测

这部分应包括以下内容:需求预测、市场前景预测、市场现状综述、竞争厂商概览、目标顾客和目标市场、本企业产品的市场地位等。

8. 营销策略

对市场错误的认识是企业经营失败的最主要原因之一。在创业计划书中,营销策略应包括以下内容:市场机构和营销渠道的选择、营销队伍和管理、促销计划和广告策略、价格决策。

9. 制造计划

创业计划书中的生产制造计划应包括以下内容:产品制造和技术设备现状、新产品投产计划、技术提升和设备更新的要求、质量控制和质量改进计划。

10. 财务规划

财务规划一般包括以下内容:流动资金,这是企业的生命线,因此企业在初创或扩张时,对流动资金需要预先有周详的计划和进行过程中的严格控制;损益表,反映的是企业的盈利状况,它是企业在一段时间运作后的经营结果;资产负债表,反映某一时刻的企业状况,投资者可以用资产负债表中的数据得到的比率指标来衡量企业的经营状况以及可能的投资回报率。

11. 风险与风险管理

(1) 你的公司在市场、竞争和技术方面都有哪些基本的风险?

(2) 你准备怎样应对这些风险?

(3) 在你看来,你的公司还有一些什么样的附加机会?

(4) 在你的资本基础上如何进行扩展?

(5) 在最好和最坏的情形下,你的五年计划表现如何?

如果你的估计不那么准确,应该估计出你的误差范围到底有多大。如果可能的话,对你的关键性参数做最好和最坏的设定。

四、计划的写作要求

1. 要有科学的预测

计划是在开展某项工作之前对工作的任务、目标、方法、措施所做出的预想。预想不是盲目地随意去想,要以上级部门的相关指示和规定为指导,以本单位本部门的具体情况为依据,以过去的成绩和问题为参考,以科学的预测为基础。

2. 要从实际出发

计划的制订要从实际出发,在制订计划前要明确针对哪项具体工作制订什么样的计划,要对计划对象做好研究;在计划制订的过程中,一要考虑党和国家的相关政策和上级部门的总体工作安排，二要考虑本单位的实际情况和主客观条件。

3. 要注意可行性

可行性以预见性和针对性为前提，预见准确、针对性强的计划，才可能是可操作的计划。预见不准或针对性不强，目标过高或过低，措施不切实际，时限过长或过短，都会使计划失去可行性。

【案例展示】

小张拟写的计划如下：

2019年工作计划

2019年对于我来说是充满压力同时挑战与机遇并存的一年。进入社会开始工作已经是第四个年头了，回想这几年的工作经历，确实让我成长了不少。从一个没有任何社会经验的大学生走到现在，所有的经验教训时刻提醒我克制自己的莽撞和那颗不服输的心，但是所有的小成绩又在不断地激励着我，促使我必须去了解自己、经营好自己。不论我们怀揣怎样的梦想，实现梦想唯一的途径其实都普通得不能再普通，即脚踏实地的努力，克己求实的发挥。我感谢在成长路上激励过我的人，是你们让我羽翼渐丰。在此，我订立了年度工作计划，以便使自己在新的一年里在新的环境中有所进步，做出成绩。

一、熟悉公司规章制度和工作流程

熟悉公司的各项规章制度，严格要求自己遵守，明确相应的操作流程和汇报审批流程，为今后顺利开展工作明确方向。

二、学习业务知识，跟进项目情况

学习公司现有项目资料，了解公司业务范围和运作模式。目前主要了解工程项目资料，了解项目的具体调研情况、开发立项、合作模式，积极掌握项目跟进程度，争取尽快进入项目角色，为项目顺利开展做好准备工作；同时收集了解与行业、项目相关的知识信息，在项目启动前努力做好准备工作。

三、制订学习计划

学习，对于业务人员来说至关重要，因为它直接关系到业务人员与时俱进的步伐和业务方面的生命力。专业知识、综合能力都是我们所必须掌握和具备的。在专业学习方面，还希望领导多多给予我支持和帮助。

四、增强责任感，增强团队意识，增强服务意识

1. 增强责任感。古人云：不患无策，只怕无心。责任是分内应做的事情，是一种客观需要，也是一种主观追求。有了责任心，工作起来才有激情和动力。不讲责任，不愿承担责任，不敢承担责任，必然造成工作上敷衍了事、庸碌无为、随心所欲、弄虚作假、明哲保身、患得患失、缩手缩脚、无所作为。所以我认为责任心是做好工作的首要条件，正确的出发点会带动我们积极向上，不断提

升自己的专业技能和工作能力。

2. 增强团队意识。众人拾柴火焰高，在团队精神的作用下，团队成员会产生互相关心、互相帮助的交互行为，显示出关心团队的主人翁责任感，在工作中能够积极主动地为团队服务，为团队补台，并努力自觉地维护团队的集体荣誉，自觉地以团队的整体荣誉为重，从而使团队意识成为公司自由而全面发展的动力。在增强团队意识的同时，还需要有效沟通，只有正确了解领导意图才能正确发挥执行力。我们应该努力加强自己的团队意识，通过发扬团队精神来加强建设，进一步减少内耗。

3. 增强服务意识。很多时候，服务意识能很好地帮助我们去了解项目情况，完善项目过程，这是一种积极的主观能动性。所有项目的市场就在我们的服务意识里，服务意识应该在我们每一位员工心中，我们只有把服务意识转化为具体的最佳服务，才能打动客户，打开市场。

以上，是我在新的一年中对自己的要求和计划。对于我来说，这一年是崭新的，是充满激情和挑战的。相信自己会尽快熟悉工作，完成新的任务，做出工作成绩。感谢领导，感谢我的同事们！

张××
2019年1月20日

【能力训练】

1. 阅读材料，完成写作任务。

××区直属中学××级共165人，分3个班。（1）班有学生56人，（2）班有学生49人，（3）班有学生60人，其中（2）班学生成绩较好，其余两个班学生基础较差。为此，该校特意召开会议，深入讨论，制订出切实可行的工作计划。

经全体讨论，决定采取如下措施：副校长×××同志负责两个后进班的早、晚自习检查，并负责召开家长座谈会。语文、数学、外语及化学和物理，确保每周一次小测验，月考不松劲，争取到期中考试时整体成绩得到大幅度提高；将教学质量高的语文老师××和英语老师×××调到两个后进班任教。还要在两个后进班级开展学习竞赛，教务主任亲到班中做后进生的思想工作，确保没有一个人掉队。同时（2）班也不能松劲，增加一个副班主任，督察早、晚自习，在保持好的成绩基础上持续上升。

请以"××区直属中学毕业班工作计划"为标题，起草一份完整的工作计划。

2. 阅读材料，进行病文修改。

> ××中学新苗文学社计划
>
> 　　为全面贯彻教育方针，落实学校关于大力开展课外学科小组活动的意见，我社制订活动计划如下。
> 　　1. 本学期举办文学作品欣赏两次，写作技法讲座两次（由语文组辅导老师负责），读书札记交流一次。
> 　　2. 组织一次秋游，一次外出采访活动。
> 　　3. 本社成员每周练笔不少于两篇，从中选出优秀习作向省市报刊推荐；一学期发表的习作不少于五篇。
> 　　4. 积极参加省市级作文竞赛、演讲比赛、读书活动竞赛，力争拿到名次。
> 　　5. 与兄弟学校文学社团加强联系，10月份组织部分社员外出取经。
> 　　6. 学期结束，评选优秀社员；做好补充新社员工作。
>
> 2019 年 9 月

第二节　总　结

【学习目标】

1. 了解总结的概念与作用。
2. 掌握总结的写作方法和写作要求。
3. 学会写作总结，并能根据需要恰当运用。

【案例导入】

　　刘强是××学院学生会宣传部部长，2019 年即将结束，学生会要求各部门对今年开展的工作进行总结，他应该如何写作呢？

【范例感知】

例文 1

> ××镇 2019 年工作总结
>
> 　　××镇在××市委的正确领导下，认真贯彻《××市关于加强农业和农村工作的决定》的精神，努力深化农村改革，一年来取得了显著成果，开创了乡镇工作的新局面。
> 　　一年来，我们主要开展了以下几项工作：

1. 开展了社会主义教育,增强了社会主义信念。
2. 发展镇、村工副业,壮大了集体经济。
3. 增加了科技投入,发展了农业生产。

一年来,我们在工作中深切体会到:
1. 必须强化改革意识。
2. 必须执行科技兴农的方针。
3. 必须完善农业社会化服务体系。

一年来,我们虽然取得了一些成绩,积累了一些经验,但还存在一些不容忽视的问题,主要是:
1. 各村间生产发展不平衡。
2. 在产业结构上,二、三产业虽有了较大发展,但在本镇经济中所占比重仍较小,还有巨大潜力。
3. 在农业生产中,有些村还缺少商品生产意识,重产量、轻效益,重生产、轻流通,重粮食作物、轻多种经营。

在新的一年里,我们将认真学习党的十九大精神,进一步调整产业结构,深化农业改革,完善农业社会服务体系,不断发展和壮大集体经济。

××镇

2019 年 12 月 15 日

例文 2

××县行政服务中心 2018 年度工作总结

今年以来,行政服务中心以科学发展观为指导,在市行政服务中心和县委、县政府的正确领导及窗口部门的大力支持配合下,积极开展网上审批的各项工作,不断完善业务运行制度,在督促窗口单位业务进驻、规范办理窗口业务等方面做了大量工作,取得了一定的成绩。今年 1—11 月份,我中心共办理行政审批服务事项 8467 件,其中即办件为 7904 件,承诺件为 563 件,提前办结件数为 381 件,办结时限提前 1108 天,收缴规费 201 万元,办结率为 97.8%。现将一年来的工作情况总结如下。

一、完成的工作

(一)加强窗口建设,提高行政服务质量

1. 加强教育学习,提高工作人员素质。中心始终坚持以人为本,不断提高工作人员政治、思想、业务、文化、作风等各方面的素质。中心定期或不定期召开全体窗口工作人员会议,学习贯彻全市、全县经济工作会议,市委黄书记在市行政服务中心管委会调研时的讲话,全市行政服务及企业房产证办理工作电视电话会议精神，市中心有关行政服务工作会议精神，进一步统一思想，提高认识，提升服务。

2. 加强入驻中心窗口建设。中心管委会制定了中心工作职责，中心"六制"办理及"六件"管理制度，中心投诉督察管理办法，中心工作例会制度，中心窗口服务考核制度，中心统一缴费制度，中心计算机管理制度，中心服务窗口考勤制度，中心学习制度，中心工作人员廉洁自律规定等。加强对窗口人员的管理，要求窗口人员严格遵守作息时间，在岗杜绝串岗、脱岗、聚集聊天，禁止利用计算机炒股、玩网络游戏等，并定期对各窗口进行检查。从检查情况看，玩游戏、迟到、早退等不良现象减少了，保持了较好的运行态势。

（二）加快推进电子政务建设

为进一步规范审批行为，从源头上预防腐败，中心积极推进电子政务，利用政府信息化资源平台，逐步推行网上公告、网上受理、网上办理、网上审批、网上投诉和网上监管。

1. 扎实做好网上审批项目清理上报工作，进一步推进网上审批系统建设。为了顺利开展网上审批工作，中心继续抓好网上审批系统建设拓展工作。根据市中心文件精神，制定了《关于印发推进网上审批和项目清理工作方案的通知》，对各单位的行政审批、许可、服务和涉及审批服务事项的收费项目进行认真梳理，进行再过滤、再筛选，摸清项目办理程序、条件、依据、标准、时限及收费等情况，为政务公开和网上审批创造条件。11月3日下午召开网上审批系统工作培训会，18个具有行政审批服务职能单位的负责同志参加了会议，同时加强组织领导，进一步明确工作任务，切实推进网上审批系统建设。

2. 继续做好电子印章的申购工作。为了全面推进网上审批服务工作，确保网上审批系统顺利运行，保障网上审批数据的安全，防止审批数据丢失和被窜政，根据市政府办和市行政服务中心管委会的部署，县政府办下发了《××县人民政府关于统一申购电子印章的通知》（×政办函〔2018〕31号）文件，规定县直属具有审批服务职能的单位，必须向县行政服务中心统一申购电子印章。截至今日，全县具有审批服务职能的63个单位有49个单位上交了电子政务数字证书申购款。

二、存在的问题

1. 部分单位对行政服务中心工作还是重视不够，进驻中心窗口的单位和审批服务项目不够理想，影响了中心综合功能的发挥。

2. 网上审批系统建设尚未完成。

3. 窗口人员管理工作有待进一步提高。

4. 中心大厅办事窗口少，影响中心功能的发挥。

5. 部分窗口硬件设施滞后，难以适应工作需要。

三、下一步工作

1. 加强和规范行政服务中心管理。
2. 继续开展网上审批的各项工作。
3. 进一步完善服务。
4. 继续做好乡镇行政服务中心建设工作。

××县行政服务中心

2018年12月20日

【知识点睛】

一、总结的概念与作用

　　总结是单位、部门或个人对过去的某个时期、某个阶段、某个方面已完成的工作、生产或思想情况进行回顾、分析、研究，找出规律性的认识，用以指导今后工作的事务性文书。通过总结，人们可以把零散的、肤浅的感性认识上升为系统的、深刻的理性认识，从而得出科学的结论，发扬成绩，弥补不足，吸取教训，使今后的工作少走弯路，多出成果。总结还可以作为先进经验被推广开来，供他人借鉴。

　　事先定计划，事后作总结，这是最基本的工作方法之一，也是衡量工作水平高低的重要指标之一。计划和总结像一对孪生兄弟，形影不离。没有好的计划，工作往往会陷入盲目和无序；没有好的总结，工作水平就会在原地踏步，难以提高。

二、总结的种类

　　按内容分，可分为学习总结、工作总结等。
　　按范围分，可分为单位总结、部门总结、个人总结等。
　　按时间分，可分为年度总结、季度总结、月度总结等。
　　按性质和作用分，可分为综合性总结和专题性总结两种类型。

三、总结的结构与写法

　　总结通常由标题、正文、落款三部分组成。

1. 标题

　　总结的标题有以下三种形式：

　　（1）公文式。完整的公文式标题由单位名称、时间、内容和文种组成，如"江南镇人民政府2019年招商引资工作总结"。简化的公文式标题可省略单位名称，或省略时间，或两项同时省略。如"2018年招生工作总结"，省略了单位名称；"××保险公司营销工作总结"，省略了时间；"教学工作总结"，省略了单位名称和时间。

　　（2）文章式。用精练的语句概括全文主要内容，标题中不出现"总结"两字，如"构建农民进入市场的新机制"。

（3）双标题。以文章式标题为正标题，以公文式标题为副标题。正标题揭示主题，副标题标明基本信息，对正标题进行补充说明，如"推行目标管理，提高经济效益——××公司2019年工作总结""严肃党纪国法，推进反腐倡廉——黑龙江省教育厅党委专项整风工作总结"。

2．正文

总结的正文可以分为前言、主体和结尾三个部分。

（1）前言。前言是正文的开头，一般简明扼要地概括说明学习、工作或生产的基本情况，并做出定性评价，给人一个总的印象。另外还可以交代写总结的缘由和背景，或对总结的内容、目的作限定，或点明宗旨、提出主题等。前言要定好基调，有的放矢，重点突出，文字篇幅不宜过长，只做概括说明，不展开分析评议。

（2）主体。主体是总结的主要部分，内容包括成绩和做法、经验和教训、今后的打算等方面。这部分篇幅长、内容多，要特别注意层次分明、条理清楚。

主体部分常见的结构形态有三种：

第一，纵式结构。就是按照事物或实践活动的过程安排内容。写作时，把总结所包括的时间划分为几个阶段，按时间顺序分别叙述每个阶段的成绩、做法、经验、体会。这种写法的好处是事物发展或社会活动的全过程清楚明白。

第二，横式结构。按事实性质和规律的不同分门别类地依次展开内容，使各层之间呈现相互并列的态势。这种写法的优点是各层次的内容鲜明集中。

第三，纵横式结构。安排内容时，既考虑到时间的先后顺序，体现事物的发展过程，又注意内容的逻辑联系，从几个方面总结出经验教训。这种写法，多数是先采用纵式结构，写事物发展的各个阶段的情况或问题，然后用横式结构总结经验教训。

（3）结尾。结尾是正文的收束，应在总结经验教训的基础上，提出今后的方向、任务和措施，表明决心，展望前景。这段内容要与开头相照应，篇幅不应过长。有些总结在主体部分已将这些内容表达过了，就不必再写结尾。

3．落款

写明总结的单位名称或个人姓名和成文日期。单位总结如要上报下发，须加盖公章。

四、总结的写作要求

1．深入实际，占有材料

拥有充足的材料是写好总结的前提，所以必须深入实际，调查了解工作的全局情况和具体细节，占有丰富的材料，为写作总结打好基础。

2．态度端正，实事求是

总结的目的是从对过去工作的回顾中吸取经验教训以指导今后的工作，因此写作态度必须诚实端正，应当实事求是地反映和评述实践工作，全面、辩证地分析事物，从而得出科学的结论，不能报喜不报忧，弄虚作假，夸大成绩。特别是工作性总结和综合性总结，在结尾处应写出不足和今后努力的方向。

3. 总结经验，找出规律

总结是寻找工作规律的重要手段，所以在写作时一定要写出理性的思考与认识，找出规律，总结经验。

4. 层次清晰，文风简洁

总结在结构上要重点突出，层次分明；文字以简洁、平实、准确为好。

【案例展示】

刘强拟写的总结格式如下：

××学院学生会宣传部工作总结

这学期以来，在学校及学生会各部门的领导下，当然还有同学们的支持下，我们宣传部开展了一系列活动，坚持以为同学服务为工作准则，为增强同学与学校、同学与学生会的联系和了解而努力，从中我学到了很多东西。现将这学期工作总结如下：

招新是每年都不得不做好的工作，它关系到学生会今后的发展。这个学期宣传部的招新工作由我来负责。这次以每人交一份个人简历与上台演讲的方式来竞选，入选的也要实习三个月，再看工作能力评选。这是一个好方法，因为简历能大概了解一个人，上台演讲体现了胆识与自信，再实习一些日子是为了更好地了解其能力。从这可以看出我们部门对招新工作是很负责也很细心的！

我部与省红十字会合作展开的"党团争先、爱心捐髓"宣传活动，主题鲜明，计划详细，宣传到位，目的明确，得到了师生们的好评。这让我们部门在学生会的影响力得到了一定的提升，也使我们部门的成员对工作有了更强的信心。我们宣传捐献造血干细胞的科学道理和社会意义；增强党员团员的服务、奉献意识，与时俱进，呼吁广大青年学子成为志愿者；为中华骨髓库以及白血病患者募捐善款。

除此之外，我们还协助其他部门开展了一些活动。我尝试了很多以前没有接触过的工作，使自己得到了很大的提升，也对学生会的工作有了更多的理解，更让我交了很多好朋友。在工作中，我十分注意虚心向他人学习，各级领导及老师、学长不管是在学习、生活中还是在工作中，都给予我很大的帮助，借此机会我也对他们表示衷心的感谢。

需要说明的是，工作成绩是领导、老师和同学们的，我仅仅做了我应该做的，而且有些工作做得还不尽如人意。感到欣慰的是，我们部门的工作没有拖学生会整体工作的后腿。总之，学生会工作无小事，事事都不能懈怠。我们每一个学生会成员更要不断提升自身的素质,这样才能把工作做得更好,才能更好地服务同学。在过去的学期里,我脚踏实地做了一些工作,但因为自己的水平和经验不足,还存有着一定的问题。在新的一年里,我要继续努力,争取取得更大的成绩。

宣传部 刘 强
2019 年 12 月 1 日

【能力训练】

1. 指出下面这段文字在语言表达方面存在的问题。

实训阶段总结

金秋九月,正是瓜果成熟和收获的季节,好一派丰收景象。在这收获的季节里,我们农学专业092班的技能实训也胜利结束了,同样是一派丰收的景象。在这收获的喜悦中,我们要衷心感谢老师,正是"丰收果里有你的一半,也有我的一半"。回想我们实训过程中的收获和不足,一时感慨万千,该是认真总结的时候了!

2. 对下面的病文进行分析,指出存在的问题并进行改写。

××厂团支部2019年青工文化补课工作总结

我厂应该参加文化补课的青年职工有130人,去年年底普测合格的有39人,还有91人需要继续补课。为了切实抓好青工文化补课这项工作,我厂于今年1月办起文化补习班。下面谈谈我们的初步做法和今后的打算。

中央五单位《关于切实搞好青年职工文化技术补课工作的联合通知》下达以后,厂党支部十分重视。支部书记及时召开支部会,研究这项工作。大家认为,我厂接近婚龄的女青年较多,如果不在近期内抓紧完成补课任务,将来困难会更大。因此,党支部决定在厂里开办初中文化补习班,并把这项工作交给工会和团支部具体抓。

会后,厂里成立了由工会主席、团支部书记和一名工人代表组成的"补课领导小组",着手筹备办理。我们遇到的最大困难是一无教室,二无老师。面对重重困难,我们决定向临近的一所中学求援。在该中学领导的帮助下,我们从他们那里聘请了三位老师,并租借了教室。这样,我们根据学员文化程度的具体情况,编成了两个快班、一个慢班。利用每星期一、三两个晚上和星期六一个下午来上课。开学后,语文课本还缺一、二册买不到,我们又自己动手刻印教材,保证了教学工作的顺利进行。

为了保证教学质量,必须加强教学管理。我们制定了"学员守则""考勤制度"等必要的规章制度,并且各班配备了正副班长,负责考勤和收发作业。订了制度就要严格执行。有一段时间各班出勤率、作业完成率普遍不高,我们根据群众意见,规定无故旷课一次,扣发月奖金 10 分(我厂月奖金采用百分制评分法);两次不完成作业扣 5 分。这件事对学员震动很大,出勤率、作业完成率都有所提高。

但是,光有这些还不够,还应该积极采取措施,帮助职工解决学习和生活中的具体困难,为他们解除后顾之忧。例如,我厂有不少孩子妈妈,因小孩拖累不能按时上课,工会就腾出一间房子,领导亲自动手,粉刷墙壁,购置了炊具、小床,办起了托儿所,解除了她们的后顾之忧。又有制度,又有措施,职工学习积极性大大提高,学员出勤率、作业完成率一直保持在 90% 以上。

在青工文化补习方面,我们取得了一些成绩,但也存在不少问题。目前,两个快班已经结业,对于考试合格者,我们将举办高中补习班,让他们继续学习提高。对于考试不合格者,我们打算把他们插入慢班继续补课,待明年 6 月份再参加统考,争取明年全部完成补课任务。

第三节　申请书

【学习目标】

1. 了解申请书的概念和特点。
2. 掌握申请书的写作方法和写作要求。
3. 学会写作申请书,并能根据需要恰当运用。

【案例导入】

于强是××社一名工作人员,2018 年搬家后离单位较远,他准备向人事部门提出申请,希望可以对工作地点进行适当的调整。你觉得他应该怎么写这个申请书呢?

【范例感知】

例文 1

入团申请书

校团委:

中国共产主义青年团是先进青年的群众组织,是党的助手,是党团结广大青年的纽带。为了全面建设社会主义现代化国家的伟大事业和实现共产主义的远大理想，共青团员肩负的任务是十分艰巨的，也是无比光荣的。

在新学期里，我参加了团章学习小组的学习，听了多次团课。在团组织的不断教育、帮助下，我逐步认识到青年要继承老一辈开创的革命事业，在祖国社会主义现代化建设事业中充分发挥自己的聪明才智，就必须靠拢和加入团组织，不断接受组织的教育，树立献身祖国的远大理想。我坚决要求加入中国共产主义青年团。为此，我郑重向组织提出入团申请，并附上一份思想汇报和家庭情况介绍，请组织上予以审查、考察。

今后，我要时时处处用共青团员的标准来要求自己，做班级的好主人，做同学的好学友，争取在德智体诸方面得到全面的发展。我决心用实际行动来践行我的誓词。

申请人：×××
××××年×月×日

例文 2

关于申请办理经营执照的申请

××市××区工商行政管理局：

我是××街××号居民何××，男，初中文化，现年30岁，未婚。

我在本街道××号租赁了铺面一间，拟与我弟×××共同经营日杂小商品，现报告申请办理经营执照，店名为"兴隆杂货店"。经营范围为日杂小百货。经营性质为个体。法人代表何××。

商店的筹备工作我们已着手进行。待批准后，即择吉日开张，请予批准。

何××
××××年×月×日

【知识点睛】

一、申请书的概念与分类

1. 申请书的概念

申请书是因为某种需要，向有关部门、组织、团体提出某种愿望和请求，或申请解决某个问题而使用的一种专用书信。它一般是个人对领导、个人对组织、下级对上级有所请求而写的一种文书，具有表达愿望、反映情况等作用，也是比较重要的档案材料。

2. 申请书的分类

按使用范围划分，申请书可分为以下几类：

（1）社会组织方面的申请书。一般指加入党派和社会团体的申请书，如入党申请书、入团申请书、加入民主党派或一些社会团体的申请书等。

（2）工作学习方面的申请书。一般指向单位提出工作、学习中的意愿的申请书，如休学申请书、业务进修申请书、工作调动申请书、发明专利申请书、商标注册申请书等。

（3）日常生活方面的申请书。一般指向有关部门提出某些生活需求的申请书，如困难补助申请书、开业申请书、解决住房问题的申请书、出国探亲申请书等。

二、申请书的特点

1. 请求性

"申请"，顾名思义是申述理由、有所请求的意思。无论是个人在政治生活上入团入党的申请，还是个人、单位在其他方面的申请，均是一种请求满足要求的公用文书。所以，请求性是申请书的一个根本特点。

2. 书信体格式

申请书是一种专用书信，因此它必须按照书信的格式来行文。不同类型的申请书因要求不同而内容有异，形式基本保持不变。

3. 行文方式

申请书是个人向组织、下级向上级的行文方式，这是申请书的性质决定的，所以申请书在语言的使用上，要符合这种下对上的行文要求。

三、申请书的结构与写法

申请书属于书信体，通常由标题、称呼、正文、祝颂语和落款五部分构成。

1. 标题

一般由申请内容和文种名两部分构成，如"入团申请书""参军申请书"；也可以只用文种名"申请书"作标题。

2. 称呼

在标题下空一至两行，顶格写明接收申请书的单位、部门、组织的名称或负责人的姓名（后面加冒号），如"××社团:""××系党总支:"等。

3. 正文

写作思路一般是请求什么—为什么请求—态度怎样。

（1）申请事项。主要解决"请求什么"的问题。开头进行简要的自我介绍之后开门见山、清楚明确地提出所申请的具体事项，如入团、入党、参加××进修等。

（2）申请理由。主要解决"为什么请求"的问题。一般首先说明申请的动机和原因、本人态度，以及对所申请事项的认识等。此后可以根据具体需要，对自己与申请事项相关的情况进行适当说明和分析，以强化申请的理由。

（3）申请态度。主要解决"态度怎样"的问题。根据申请事项，向所申请的组织或领导明确表态，进一步表明自己的愿望、决心和请求。

4. 祝颂语

一般写表示敬意的话，如"此致　敬礼"等，也可写一些表示感谢和希望的话，如"请组织考验""请审查""望领导批准"等。

5. 落款

在正文的右下方署上申请人姓名，并在下面注明申请日期。

四、申请书写作应注意的事项

（1）申请事项要单一，一般一事一书。

（2）写申请书时，应充分考虑提出申请的必要性和可能性，叙述事项应具体明确，阐述理由应真实、充分、合理，表达态度要诚恳、有分寸，否则难以得到上级组织和领导的批准。

（3）语言要朴实准确、简洁明了。

（4）申请书是比较重要的档案资料，故书写时要使用蓝黑色或黑色墨水的钢笔或中性笔，不宜使用圆珠笔，更不能使用红笔。如果是打印稿，一定要有亲笔签名。

知识链接

劳动仲裁申请书

劳动仲裁申请书是当事人向劳动争议仲裁委员会申请仲裁时提交的法律文书。其行文关系：劳动者个人或用人单位对仲裁机关；申请理由：因自己合法权利受到侵害而依法申请仲裁，解决劳动争议；文种性质：法律文书。

劳动仲裁申请书是法律文书，可请专业人士代笔，但可掌握其结构和写作要领，以便做到心中有数，有备无患。

一、劳动仲裁申请书的结构与写作要领

劳动仲裁申请书一般由标题、正文、落款三部分组成。

1. 标题

居中写"劳动仲裁申请书"或"劳动争议仲裁申诉申请书"为题。

2. 正文

（1）首部。写明申诉人和被申诉人信息。

①申诉人信息：姓名、职业、住址、工作单位、邮政编码、电话号码等。

②被申诉人信息：姓名或单位的名称、住址、法定代表人姓名和职务、邮政编码、电话号码等。

（2）请求事项。提出需要仲裁解决的具体要求，如要求赔偿损失、支付违约金，应写明项目和金额；如要求履行合同，应写明要求裁决履行全部条款还是部分条款等。

（3）事实理由。针对"请求事项"部分写清事实和理由，具体内容如下：

①写明劳动争议前存在劳动关系的基本情况：入职时间、岗位工种、劳动时间、工资报酬、支付日期、有无签订劳动合同、有无参加保险等。

②写明争议发生的基本情况：时间、原因、经过、何时被解除劳动关系、有无支付工资和经济补偿等。重点说明被申诉人的违约事实及给申诉人造成的损失，即双方争议的焦点。实事求是地说明被申诉人应承担的责任，并写清主要法律依据。

③结束语：如"特向贵委员会提出申请，请依法裁决"等语。

（4）尾部。写明呈文对象，即"此致××劳动争议仲裁委员会"字样，并在下面写上证据名称（物证、书证件数）及证据来源、证人的姓名和住址，并将证据按标号顺序附在申请书后。

3．落款

在正文的右下方，由申诉人署名或盖章，其下写明申请的具体日期。

二、劳动仲裁申请书写作的注意事项

1．申诉范围合法

请求仲裁的事项应当属于劳动争议的范围，且表述应简明扼要。根据《劳动争议调解仲裁法》的规定，我国境内的用人单位与劳动者发生的下列劳动争议，仲裁机构应当受理：

（1）因确认劳动关系发生的争议。

（2）因订立、履行、变更、解除和终止劳动合同发生的争议。

（3）因除名、辞退和辞职、离职发生的争议。

（4）因工作时间、休息休假、社会保险、福利、培训以及劳动保护发生的争议。

（5）因劳动报酬、工伤医疗费、经济补偿或者赔偿金等发生的争议。

（6）法律、法规规定的其他劳动争议。

2．请求事项及理由合理合法

要求赔偿的数目应有根据，不可漫天要价；叙述事实要突出争议焦点，对与争议案件无关的事实不应列入；说明理由要依据法律条文。

3．依法定程序申诉

申诉人必须在劳动争议发生之日起一年内，向劳动争议地或工资关系所在地的仲裁委员会提出申请，并按照被申诉人数提交副本。如果是集体劳动争议，申请仲裁时应提交全体争议当事人签名的授权委托书。

4．态度严肃慎重

为防止遗漏应主张的合法权益或表述不清楚影响胜诉，可请专业人士代笔。要用黑色或蓝黑色钢笔、中性笔书写；采用打印稿时，应有亲笔签名。

【案例展示】

于强拟写的申请书如下:

工作调动申请书

人事部:

  首先感谢组织多年来对我的关心和照顾,同时感谢领导在百忙中审阅我的申请。

  我系本社职工。在领导的关怀下,我非常热爱本职工作。自2013年参加工作以来,我先后从事了储蓄员、办公室管理员、信贷部营业员、个人金融部业务员等多种岗位工作。工作中,我服从领导的安排,工作兢兢业业,与同事和睦相处,并且积极参加联社举办的各类集体活动。

  2018年,我因故搬家,现在住的地方距离单位较远,每天早晨5点多钟就起床,要转车三次才能够赶到单位,途中耗费了大量的时间,有时因交通堵塞无法准时上班,下班也是很晚才能够到家,感到非常疲劳,幼小的孩子也得不到应有的照料,工作和生活都存在着诸多困难。所以,希望能够在不改变工作性质的情况下,对工作地点进行适当的调整,尽可能距离住家近一点,这样也有利于我把更多的精力用于工作。

  因此,请求领导考虑我的实际困难,同意我从本社调出至××××社。不胜感谢!

  此致

敬礼

申请人:于 强
2019年2月19日

【能力训练】

1. 小王入学后,思想要求进步,积极靠近党组织,请代小王写一份入党申请书。

2. 根据下面提供的资料,请你为李××代写一份"城市低保申请书"。

  李××,生于1948年,家中现有三口人。李××患慢性气管炎、哮喘病多年。曾在建筑陶瓷厂上班,于1998年病退。工厂每月发给生活费500元,再无其他收入。妻子张××,生于1950年,没有参加过工作,没有任何收入。儿子李小×,生于1973年,先天性呆傻,无工作、无收入。一家人生活十分困难。

  ××市政府有文件《××市城镇居民最低生活保障办法》,李××符合申请条件。

第四节 倡议书

【学习目标】

1. 了解倡议书的概念和特点。
2. 掌握倡议书的写作方法和写作要求。
3. 学会写作倡议书,并能根据需要恰当运用。

【案例导入】

近年来,大学生食堂粮食浪费的情况越来越严重,而勤俭节约是中华民族的传统美德。针对这种情况,陈×以校学生会的名义向全校发出倡议,号召大学生节约粮食。

【范例感知】

例文1

关于防控新型冠状病毒疫情的倡议书

当前,新型冠状病毒感染的肺炎疫情防控工作正处于关键时期。习近平总书记高度重视疫情的防控治疗工作,要求把人民群众的生命安全和身体健康放在第一位,坚决打赢疫情防控阻击战。疫情防控关乎每个人的生命健康,需要每个人的共同努力。为此,党支部向全体党员同志发出如下倡议:

一、提高政治站位,坚决落实习近平总书记重要指示精神。全体党员干部要提高政治站位,深刻认识疫情防控工作的重要性和紧迫性,把思想和认识统一到中央关于新型肺炎疫情防控工作的精神上来,坚决落实习近平总书记重要指示精神,要把疫情防控工作作为当前最重要的工作抓紧抓实,充分认识疫情防控的复杂性、严峻性,杜绝麻痹思想和侥幸心理,把做好疫情防控作为巩固"不忘初心、牢记使命"主题教育成果的实践战场,牢固树立"四个意识",坚定"四个自信",做到"两个维护",切实把人民群众的生命安全和身体健康放在第一位。

二、强化政治引领,切实发挥共产党员先锋模范作用。我处已根据实际工作需要制订疫情防控期间的工作方案。全处党员同志要以身作则,当好表率,把疫情防控作为践行初心使命、入党誓词的实际行动,关键时刻冲在一线,自觉接受党性锻炼和实践考验。一线党员要敢担当、亮身份,落实防控举措,关心窗口接待的工作人员,正确处理公证工作和防控工作的关系,做到哪里任务重哪里就有党员,哪里有困难哪里就有党员。

三、科学看待疫情,加强自我防护。党员同志带头学习新型冠状病毒肺炎的防控知识;外出返沪的党员及时报备,自觉进行14天的居家隔离,每日报告自身身体情况;正常上班的党员在每日上岗前,带头测量体温,主动落实办公区域、公共场所佩戴口罩的要求,养成定时开窗通风、勤洗手等良好的生活习惯;党员带头不参加聚会活动,不去人员密集地,避免与疫情城市回来人员接触。

四、弘扬社会正气,营造良好的舆论氛围。支部要求每位党员发挥带头表率作用。党员同志带头开展宣传引导,主动深入群众解疑释惑,消除恐惧心理;带头遵守纪律规定,不制造、传播、散布谣言和小道消息,对疫情谣言予以坚决制止;带头坚守工作岗位,坚决服从组织安排,干好本职工作;带头参与志愿活动,为打赢疫情防控阻击战做出积极贡献。此外,支部倡议我处全体员工积极参与支部组织的捐款活动,尽自己一份绵薄之力,为武汉加油,为中国加油。

防控疫情,事关人民群众的生命安全。我处作为窗口单位,应全力做好配合疫情防控、阻断疫情传播的工作。请全处共产党员行动起来,以自己的实际行动带动全处员工,积极投身疫情防控攻坚战,为全市的防疫工作做出我们应有的贡献。

上海市长宁公证处
2020年2月6日

例文2

关于向西南旱灾地区捐款的倡议书

亲爱的团员青年们:

　　春天是个朝气蓬勃、意气风发的季节,是农民们开始耕作的季节,是人们新的一年的开始。然而在这美好的季节里,云南、广西、贵州、四川、重庆五省市的旱情却在不断加重,江河湖泊水位持续下降,库塘蓄水大幅减少,数千万同胞饮水困难,粮食作物基本绝收。3月23日,来自国家防总的统计数据显示,因干旱造成饮水困难的人数已达2271万,其中旱情最严重的云、桂、贵、川、渝五省份达1805万人;我国耕地受旱面积1.14亿亩,其中,作物受旱面积8796万亩;待播耕地缺水2612万亩。其中,西南五省份耕地受旱面积达9654万亩,占85%。干旱发生范围之广、历时之长、程度之深、损失之重,为历史同期少有,抗旱救灾形势异常严峻。

　　在抗旱救灾的关键时刻,党中央、国务院对灾情高度关注,党和国家领导人多次做出重要批示和指示,对灾区人民的生产生活和抗旱减灾工作给予了极大的关怀、支持和鼓舞。3月25日，共青团中央发出全国广大团员和少先队员每人为灾区捐赠一瓶饮用水的号召。灾情面前，给人希望的是人情。作为中华儿女，作为共青团员，我们都应该伸出援手，共同承担，共渡难关。

在此，校团委发出倡议：号召我校全体共青团员，充分发扬中华民族"一方有难，八方支援"的传统美德，向灾民伸出热情援手，慷慨解囊，及时捐赠，帮助灾区人民共克时艰，共渡难关。同时，我们倡议全体同学积极行动起来，积极关心我国灾情，节约每一滴水，节约每一度电，珍惜我们所用的水，珍惜我们的资源，以实际行动参与抗灾救灾，为夺取抗旱救灾的胜利贡献绵薄之力。

我们心想灾区、情系灾民的善举，必将极大地鼓舞和增强灾区各族人民战胜困难的决心和信心。让我们用爱心滋润干旱，携手同心，众志成城，与灾区的同胞共渡难关，早日赢得抗旱救灾的胜利！

特此倡议，请大家相互转告，积极奉献爱心！

××校团委
××××年×月×日

例文3

致全省文化记者的倡议书

全省文化记者、编辑同仁们：

为提升我省新闻文化报道质量，编辑发出"做健康的娱乐报告，做有价值的文化新闻"的倡议：

1. 遵守道德底线，不盲目炒作。
2. 提高文化修养，抵制"三俗"，即庸俗、低俗、媚俗之风。
3. 加强文化报道引领作用。
4. 加强文艺评论。
5. 注重社会效益。

从今天起，让我们携起手来，为营造健康的文化报道环境，推进主流文化的良性传播而贡献力量。

江苏省文化记者协会
2018年7月5日

例文 4

金坛市企业开展节水意识进企业的倡议书

为进一步推进节水减排企业创优质品牌的成效,金坛市企业联合举办节水意识进企业节水宣传活动。举办节约用水座谈会;在企业办公区、厂区、车间等场所张贴国家节水标志和节水挂图,悬挂节水标语条幅;印制企业节水宣传单或小手册,介绍在生产过程中节水的好方法和基本知识;利用宣传栏或企业简报等形式,宣传我国水资源利用面临的形势及存在的问题;组织企业员工开展或参加宣传节水方面的文艺表演、书画展、知识竞赛及征文活动;开展"我为节水献计献策"征集活动;组织职工去相关企业参观学习,推动节约用水先进技术、管理经验在本企业中的运用;组织员工参加各种节水技术及产品展览会,宣传节水优秀科研成果、实用技术和产品,推动节水科技成果的转化和推广应用;等等。

××单位
2019 年 9 月 18 日

【知识点睛】

一、倡议书的概念与特点

1. 倡议书的概念

倡议书是机关、团体或个人向有关群众公开发出某种号召、提出某种建议、倡导某种做法,鼓动大家积极响应的书信。倡议书对于鼓动群众自觉参与各种社会公益活动、树立良好的社会风尚有着重要作用。

2. 倡议书的特点

倡议书是发动群众开展活动的一种手段,倡议书具有以下几个方面的特点:

(1) 倡议书的群众性。倡议书不是对某个人、某一集体或某一单位而言的,它往往面向广大群众,或对一个部门的所有人发出,或对一个地区的所有人发出,甚至向全国发出。所以,对象的广泛性是倡议书的根本特征。

(2) 倡议书对象的不确定性。倡议书是要求广大群众响应的,其对象范围往往是不确定的。即便是文中明确了自己的具体对象,但实际上有关人员可以表示响应,也可以不表示响应,它本身不具有很强的约束力,而与此无关的其他群众或团体也可以响应。

(3) 倡议书的公开性。倡议书就是一种广而告之的书信,让广大人民群众了解情况,让更多的人响应倡议。

二、倡议书的结构与写法

倡议书由标题、称呼、正文、结尾和落款五部分组成。

1．标题

标题有如下几种形式：

（1）一般用"倡议书"即可。

（2）文种加上接受倡议书的对象，如"致全校同学的倡议书"。

（3）文种加上发出倡议书的单位名称或个人姓名，如"××小区物业公司致全体住户的倡议书"。

（4）文种加上倡议内容，如"关于向××灾区捐款捐物的倡议书"。

（5）复杂的可用正副双标题，如"责任同样属于我们——致全校团员青年的倡议书"。

2．称呼

写称呼是为了明确倡议的对象，一般要依据倡议的对象而选用适当的称呼，如"亲爱的同学们""广大青少年朋友们"等。也可不用称呼，而在正文中指出。

3．正文

（1）倡议的理由，即发出倡议的原因、目的和意义等，这是说服群众响应倡议的关键。阐述理由要充分、具体、朴实，以争取群众的关注、认可和响应。

（2）倡议的事项，即希望群众响应自己的哪些主张。倡议的事项既要有积极意义，又要具体可行，切合实际，使群众能够普遍做到，不能脱离现实、高不可攀；事项单一的可在倡议理由后直接写，事项较多的可分条列项写。

（3）鼓动群众积极响应。这一部分要感情充沛，具有较强的感召力和鼓动性，以激发群众积极参与的热情。

4．结尾

结尾要表示倡议者的决心和希望或者某种建议。此部分有时也可省略。

5．落款

在右下方写明发出倡议的集体或倡议者的姓名，另起一行署上发出倡议的时间。

三、倡议书写作应注意的事项

（1）内容应当符合时代精神，切实可行，与国家的路线、方针、政策相一致。

（2）交代清楚背景、目的，理由充分。

（3）措辞贴切，情感真挚，富有鼓动性。

（4）篇幅不宜过长。

知识链接

倡议书与建议书的区别

1. 行文方式不同。倡议书是面向群众的;而建议书是面向上级或领导的。
2. 目的不同。倡议书是鼓励、号召人们去做事,具有实践指导意义;而建议书仅仅是提出建议,更多停留在理论层面,往往更有助于决策。
3. 使用范围不同。倡议书一般具有全局性,涉及社会的方方面面;而建议书一般用于一定范围内或相关单位系统内部,更有针对性,使用范围小一些。

【案例展示】

陈×拟写的倡议书如下:

大学生节约粮食倡议书

亲爱的同学们:

我们是新时代的大学生,是即将走向社会撑起祖国未来的青春力量。在象牙塔这个神圣的地方,我们不断地磨砺着自己。但是,就是在这个神圣的地方,近年来,大学生食堂粮食浪费的情况越来越严重,每天泔水收集池堆满了剩菜剩饭。大学本是一个教书育人的好地方,而勤俭节约更是中华民族的传统美德,所以我们必须重视节约。由此我们发出如下倡议:

一、吃多少,打多少。我们学生应该注意自己的饭量,能吃多少就打多少。

二、食堂可以实行饭菜称重制。以我们学校为例,食堂的饭是称重卖的,所以一般学生都不会剩饭,但会剩很多菜。所以我觉得食堂可以尝试将菜称重卖,这样同学们就会因为价格的原因根据自己的食量而买菜了。

三、学生可以尝试拼菜。由于学校目前没有实行称重制,而学校的菜量又较大,故学生可以尝试拼菜。如一个宿舍四人打三个菜,这样既避免了浪费,又节约了生活费,还可以吃到多种特色菜,一箭三雕。

四、加强节约粮食的宣传,多开展一些类似"光盘行动"的活动。无论如何,宣传是必不可少的,它可以时时提醒我们不忘节约。

一粥一饭,当思来之不易。节约是美德,节约是品质,节约是责任,让我们同心协力,做勤俭节约风尚的传播者、实践者和示范者,让"节约光荣,浪费可耻"的观念在身边蔚然成风。"历览前贤国与家,成由勤俭败由奢",同学们,让我们继续发扬艰苦奋斗、勤俭节约的优良作风,以勤俭为荣,以浪费为耻,自觉抵制奢靡腐败之风,从细微处做起,用实际行动参与到节约行动中来,从节约粮食做起,让节约引领风尚,做建设"节约型校园"的带头人,为建设文明、和谐的校园做出应有的贡献!

××大学校学生会

2020年5月8日

【能力训练】

根据下面的材料写一份倡议书。

随着人们生活水平的提高,很多人开始注重生活质量,逐渐认识到生活环境的重要性。为了减少二氧化碳的排放,使地球不再变暖,我们应该积极提倡并去践行低能量、低消耗、低开支的"低碳"生活方式,注意节水、节电、节油、节气、节材,从点滴做起。低碳生活可以让我们的身体更健康,生活环境更优美,不仅减轻了自身的压力,也减轻了地球的压力。

第五节　投诉信

【学习目标】

1. 了解投诉信的概念和特点。
2. 掌握投诉信的写作方法和写作要求。
3. 学会写作投诉信,并能根据需要恰当运用。

【案例导入】

市民王女士2019年8月在网站上团购了××旅行社组织的泰国六日游,网上报价4800元(原价5980元),并且节假日通用。王女士在与旅行社沟通并预约国庆期间进行消费的时候,被告知需要每人再加500元,并说网上已做出说明。王女士仔细一看才发现,该网站上的广告中间夹着一行小字:"发团时间9月21日—26日,其他时间为周末发团,需要店内另付500元。"王女士无奈,只好在10月1日出发的时候另付了500元。旅行结束后,王女士向旅游投诉部门进行了投诉。

【范例感知】

例文1

投 诉 信

投诉人:杨××,女,家住××市××街××号,工作单位××××××,电话138××××××××。

被诉人:××市××电动车专营有限公司,位于××市中山南路18号,负责人×××,售货员××,电话号码139××××××××。

投诉请求：（1）要求退掉购买的电动车；（2）要求被诉人退还购车款2880元；（3）要求被诉人承担投诉人为修理电动车支付的全部费用。

主要事实及经过：

2018年3月1日，投诉人在被诉人处购买一辆××牌电动车，价格2880元。使用不到三个月，电池发生破损。投诉人于2018年5月27日按被诉人要求，将破损的电池托运到××车业（中国）有限公司更换。2018年7月，出现"飞车"现象，遂与厂家联系，7月12日，厂家与修理商联系，派人维修。2018年9月3日，该车发生"有电不走"故障，由投诉人支付30元交通费，经维修人员修理，故障消除。2018年11月6日，该车再次发生"有电不走"故障，11月13日修理商再次维修，故障排除。2019年3月2日，再一次发生"有电不走"故障，经与厂家多次联系，厂家表示派专人再次维修，而投诉人却持不同意见，并要求退货。厂方以现在退货已超过一年包修期为由，拒绝投诉人的退货要求。电话中，投诉人与厂方理论，认为：该车从购买之日起一直连续发生故障，时至今日，故障仍未排除，不适用包修期的规定。而厂方却不予理睬，致使投诉人所购车辆最终如何处理没有结果。

综上所述，投诉人购车是为了生活消费和工作需要，投诉人住宅离工作地有5公里路程，所购车辆连续不断地发生故障，给投诉人带来较多不便及不利的后果，严重影响了投诉人的工作、生活。该车连续多次发生有电不走故障，投诉人提出退货要求，完全符合法律规定。在与被诉人协商未果的情况下，投诉人根据有关法律的规定，特向经销商所在地的消费者协会提出投诉，敬请你会依法支持投诉人的投诉请求。

此致
敬礼

××市消费者协会

投诉人：杨××

2019年3月22日

例文2

投 诉 信

尊敬的总经理先生：

您好！

我在此向您反映贵公司销售人员××在销售服务中无视顾客权益的行为。

我于6月21日致电反映贵公司的××产品出现的问题，但经过漫长的等待，相关负责人员×××才开始接听电话，而且该人员并未认真听取顾客反映的问题和意见，而是以敷衍了事的态度将产品的问题归咎于偶发情况，并且拒绝我提出的退回产品并退款的要求。

对于这样的产品和服务，任何一名拥有正当消费权益的顾客都难以接受。我希望立即退回产品，并获取全额退款。希望贵公司的领导能妥善解决我提出的上述问题，并对销售人员××进行批评教育。

如果未能得到妥善解决，我将向消费者协会反映情况。

此致

敬礼

附件材料：××产品发票（复印件）

联系电话：138×××××××

投诉人：××
2019 年 7 月 10 日

【知识点睛】

一、投诉信的概念

投诉信，也叫投诉书，是消费者因为在商品交易或接受服务过程中利益受到侵犯，以书面形式向生产商、服务商或有关组织及部门提出投诉的一种专用书信。

二、投诉信的结构与写作要领

当面向生产商或服务商投诉时，可以采用书信体格式写作，通常由标题、首部、正文和落款四个部分组成；面向消费者协会提出的投诉书，或面向行政执法或行政管理部门提出的申诉书，则一般应参照民事起诉状的书状体格式写作。下面主要介绍书状体格式的投诉信的写法。

1. 标题

第一行居中写"投诉信"或"申诉书"。

2. 首部

分别列举投诉人和被投诉人的基本情况，即姓名（或单位名称）、性别、住所（或地址）、工作单位（或法定代表人）、邮政编码、联系电话等。

3. 正文

（1）投诉要求。即投诉所要达到的具体目的，包括退、换、修原商品，支付赔偿费等。在产品侵权责任中，因产品存在缺陷导致受害人人身伤害的，侵害人应当赔偿的范围主要有：①医疗费、治疗期间的护理费、因误工减少的收入等费用；②造成残疾的，还应当支付残疾者生活自助费、生活补助费、残疾赔偿金以及由其抚养的人所必需的生活费等费用；③造成受害人死亡的，应当支付丧葬费、死亡赔偿金、死者生前抚养的人必要的生活费及精神损害赔偿等费用；④因产品存在缺陷造成受害人财产损失的，侵害人应当恢复原状或者折价赔偿，受害人因此遭受其他重大损失的，侵害人应当赔偿损失。这里的财产损失是指缺陷产品以外的损失，而不包括缺陷产品本身。

（2）事实与理由。这是投诉书正文的核心部分，要具体写明投诉的内容，反映消费纠纷情况，即购买商品或接受服务的时间、品名、规格、价格、数量等，重点说明产品（服务）存在的缺陷，和自己受损害的具体事实以及交涉情况。陈述事实要注意证明产品缺陷和损害事实之间的因果关系，即消费者的损害事实是直接由缺陷产品造成的。如果损害事实不是由缺陷产品造成的，则生产者或销售者都不承担责任。

这部分内容要尽量写详细，以供受理方在调查处理时参考。陈述必须实事求是，不要因为气愤或怀有不正当目的而随便夸大或缩小事实，给解决问题带来困难。

（3）依据与证据。为诉求提供准确的法律法规依据，同时要提供各种证据。引用有关规定要准确，不要断章取义。

这部分内容要合情合理合法，不可无理取闹，不可刁难别人。

（4）尾部。应参照民事起诉状的格式，将送达机关在正文之后以"此致××（部门）"的形式书写。

（5）附件。如有与事实有关的证明、证据材料，如合同、传真、机船车票、门票、凭证、发票，以及证人姓名及其联系电话等，则将附件名称写在投诉书结尾部分，并将材料（复印件）附在后面。

4. 落款

投诉人在落款处签署姓名，并注明联系电话和投诉日期。

三、投诉信写作的注意事项

（1）产品（服务）存在缺陷，有损害事实。产品（服务）缺陷与损害事实之间有因果关系，这是投诉的构成要件。投诉要有理有据有节，证明责任确实在商家，明确由此而给消费者带来的不便或伤害，找到投诉请求的法律法规依据，确保投诉有利于解决问题。

（2）写投诉书时可以适当表达心情，但要保持克制。消费者的权益受到侵害，难免感到气愤，但要以事实为依据，以法律法规为准绳，注意礼貌，避免使用斥责的语气，更不要辱骂，不过态度要坚定。

（3）加强证据意识。发现商品出问题之后，应保全好涉案商品和证据材料，不要擅自拆开修理。处理民事纠纷的一条基本原则就是"谁主张，谁举证"。无论是投诉还是向法院起诉，关键都在于充足的证据。证据一般包括：①发票。发票是证明双方当事人发生权利义务关系的重要凭据，可以认定双方交易的日期，商品的提供者，商品的品牌、品种、型号、价格、产地等，这是解决纠纷所必不可少的。

②保修卡或信誉卡。③鉴定报告。这是处理较为复杂、难度较大的消费纠纷时，责任认定的主要依据。鉴定报告应由国家法定部门或经营者与消费者共同约定的鉴定部门出具。④其他。比如广告宣传书、经营者的承诺书等。

【案例展示】

王女士向旅游投诉部门写的投诉信如下：

投 诉 信

××旅游协会：

  我于2019年8月份在网站上团购了××旅行社组织的泰国六日游，网上报价4800元（原价5980元），并且节假日通用。当我在与旅行社沟通并预约国庆期间进行消费的时候，被告知需要每人再加500元，并说网上已做出说明。仔细一看才发现，该网站上的广告中间夹着一行小字："发团时间9月21日—26日，其他时间为周末发团，需要店内另付500元。"我无奈，只好在10月1日出发的时候另付了500元。××旅行社在网上打出的广告非常含糊，容易给消费者造成一定的误导；其做的宣传广告属于单方告示，未向旅游者做出明确说明，且有对旅游者不公平、不合理的规定。依据《消费者权益保护法》及旅游法规，旅行社应该返还我们补交的500元人民币。希望能得到妥善解决。

  此致

敬礼

投诉人：王××

2019年10月12日

【能力训练】

根据下列材料，拟写一封投诉信。

梅×在×市第一百货商场手机柜台买了一部××牌手机，使用三个多月就不能发短信和照相了。梅×很烦恼，她希望退换这部手机，或全额退款，至少应当免费维修，但商家只答应按优惠价维修。她不同意，却又不知道怎么办，比如该向谁投诉，投诉书怎么写。假如你是她的好友，不妨代笔写这封投诉书。

第六节 感谢信

【学习目标】

1. 了解感谢信的概念和特点。
2. 掌握感谢信的基本写作方法和写作要求。
3. 能够写作感谢信,并能根据需要恰当运用。

【案例导入】

　　王先生乘坐一辆出租车回旅馆取行李,准备离京返回上海。当他正收拾行李的时候,发现公文包不见了,王先生非常着急。这时前厅保卫部来电话说有人找他,王先生来到前厅保卫部一看,是刚乘坐过的出租车的司机。见到他,司机站起来客气地问道:"先生,您丢东西了吗?"这时他才猛地想起下车时过于匆忙,把公文包丢在了车上。

　　原来这位司机把王先生送到旅馆以后,发现车上有个公文包,他马上赶回旅馆找到保卫部请求协助查找。王先生十分感动,连忙从公文包里取出一沓钱要送给司机,这位司机师傅坚决地回绝了,轻松地说:"遇到这种事,首都的出租车司机都会这样做的,欢迎您再来北京!"

　　王先生很感动,给出租汽车公司写了一封感谢信。

【范文感知】

例文

> **感 谢 信**
>
> ××杂志社:
>
> 　　敬请贵刊转告全国所有关心我的大学生、解放军战士、工人、教师及各界朋友们,在你们无私的援助下,在几大医院的精心治疗下,我的病情目前已得到控制,现正在家中休养。如不出意外,下学期开学即可返校学习了。
>
> 　　顽疾缠身,无钱医治,是我人生中的不幸,但得到杂志社和各界朋友的帮助,却是我人生中的万幸。由于××杂志社的呼吁,一封封来自远方的书信、一张张几经周折转来的药方,使我那不情愿跳动的心又恢复了正常的节奏,几乎凝滞的血又沸腾了。一双双援助之手,一颗颗博爱之心,温暖了我一家几乎冷却的心。

> 可敬的叔叔、阿姨、各位同学，我和你们天各一方，相见无期，你们却把微薄的收入，甚至把你们的助学金、生活费，或者卖字画的钱寄给了我。最近，我经常想象你们的样子，有年迈的老人，有可爱的军人，有可敬的老师，有善良的学生……我无法具体描绘你们的形象，但你们的高尚品格、助人为乐的精神，将永存于我的心中……
>
> 唯一遗憾的是我不能面见答谢各位，在此请接受我深深的谢意，愿好人一生平安。
>
> 为了不辜负你们的一片爱心和良好祝愿，我将会做得更好，我将继续我的学业，争取获得更优异的成绩，以此报答关心我的各位朋友。
>
> ×××
>
> ××××年×月×日

【知识点睛】

一、感谢信的概念与特点

1. 感谢信的概念

感谢信是对单位或个人给予的帮助、支持、祝贺或勉励等表示答谢的一种书信。根据使用场合的不同，可分为三种。

（1）直接写给对方的感谢信，如感谢对方救人、抢险、交还失物等。

（2）写给对方所在单位的感谢信，或张贴于对方单位。

（3）送交新闻媒体的感谢信，在报刊上刊登或在电台、电视台播出。

2. 感谢信的特点

（1）针对性。感谢信要紧紧围绕对方的感人行为加以赞颂，突出对对方的感激之情。

（2）及时性。感谢信应迅速及时地将对方的感人事迹、可贵精神反映出来，以激励广大群众，端正社会风气。

（3）公开性。感谢信要公之于众，这样才能弘扬对方的正义行为、优良品德等。

二、感谢信的结构和写法

感谢信通常由标题、称呼、正文、结束语、署名和日期五部分组成。

1. 标题

感谢信标题的写法一般有三种。

（1）只写"感谢信"三个字；

（2）由感谢对象加文种名组成，如"致×××的感谢信"；

（3）由感谢双方加文种名组成，如"××厂致××公司的感谢信"。

2. 称呼

第二行顶格写被感谢的单位名称或个人姓名，个人姓名之后应加上"同志""先生"等称呼，最后加上冒号。

3. 正文

感谢信的正文主要写感谢的内容和感谢的心情。一般应写出以下几方面的内容。

（1）感谢的事由。概括叙述感谢理由，表达谢意。

（2）简述事迹。具体叙述对方的先进事迹，叙述时务必交代清楚人物、事件、时间、地点、原因和结果，要重点叙述关键时刻对方给予的关心和支持。

（3）揭示意义。在叙述事实的基础上对感谢对象的精神品德做出评价和赞扬，同时表示向对方学习的态度和决心。

4. 结束语

写上表示感激、敬意的话，如连接正文或另起一行空两格写"此致""致""致以"，然后另起一行顶格写相应的"敬礼""最崇高的敬意""最诚挚的谢意"等。

5. 署名和日期

在正文右下方写上发信的单位名称或个人姓名，在署名下面注明日期。

三、感谢信的写作要求

（1）叙述事情真实、准确、精练，评誉恰如其分。

（2）感情真挚，言语热情，表现手法多样。

（3）格式规范，篇幅简短。

（4）感谢信以说明事实为主，切勿不着边际地大发议论。

知识链接

表扬信和感谢信的区别

1. 表扬信可以由受益者写，也可由旁观者写；而感谢信由受益者写。

2. 表扬信只写给被表扬者的领导、单位，或者报纸、电台等新闻媒介，一般不写给被表扬者个人；而感谢信可以写给被感谢者的领导、单位或报纸、电台等，也可写给被感谢者个人。

【案例展示】

王先生拟写的感谢信如下：

感谢信

××出租汽车公司领导：

  您好！

  8月7日上午11点20分左右，我在××公司门前坐上贵公司张××师傅的出租车，回旅馆取行李准备离京返回上海。下车时，由于过于匆忙而将公文包落在了车上。公文包里除有现金之外，还有飞机票及一些重要票据。发现公文包丢失后我焦急万分，如果公文包找不到，将给我个人及公司造成重大的损失。此时，张××师傅将公文包送到了我所住的旅馆，我非常感动。为表达谢意，我要给张师傅两千元钱，但被他婉言谢绝了，他说："这种事，首都的出租车司机都会这样做的，欢迎您再来北京。"

  张师傅这种助人为乐、拾金不昧的高尚品德值得我们学习，张师傅是贵公司的骄傲，更是出租汽车行业的骄傲！愿我们这个社会涌现出更多的像张师傅这样的活雷锋，愿我们这个社会更加和谐文明！

  最后，祝贵公司事业顺利，蒸蒸日上！

  祝张××师傅好人一生平安幸福！

王××
2019年12月1日

【能力训练】

1. 阅读下面的感谢信，指出其存在的问题并加以改正。

感谢信

  今年春天我们单位办了一个干部短训班，××大学计算机系派出李××、王××两位老师来给我们上了一段时间的课。总的说来，两位老师备课认真，讲课透彻、生动，下了课以后又热情地辅导学员们上机操作，十分辛苦，在这里，特别向他们表示亲切的慰问。

  同时，也希望两位老师把脚踏实地、诲人不倦的工作作风带到他们以后的工作中，再立新功。我们向他们致以革命的敬礼！并且要学习老师们的工作精神，用实际行动来报答老师的教诲。

  祝老师工作愉快！身体健康！

××公司干部培训班全体学员
××××年××月××日

2. 黄×是××科技职业学院的学生，2018年患尿毒症，因家庭贫困无钱医治。学院得知情况后，组织开展了一次献爱心活动。全体师生积极响应学院的号召，踊跃捐款，解决了黄×的医疗费问题。黄×病愈出院后，为表达对学院师生的感谢之情，欲写一封感谢信。请代黄×写一封感谢信。

第三章

公务文书

公务文书（以下简称公文）是机关、团体、企业、事业单位（以下简称机关单位）在处理公务中所形成的具有法律效力和规范体式的书面材料。它是传达、贯彻党和国家的方针、政策，发布行政法规、规章和行政措施，请示和回答问题，指导和商洽工作，报告情况，交流经验的重要工具。

根据 2012 年发布的《党政机关公文处理工作条例》，行政机关公文主要有 15 种。本章主要学习通知、通报、报告、请示、会议纪要这五种常用的公文。

第一节　通　知

【学习目标】

1. 了解通知的概念与种类。
2. 掌握通知的写作方法和写作要求。
3. 学会写作各类通知，根据需要恰当运用。

【案例导入】

小唐是某局机关办公室经过公务员考试刚刚被录用的工作人员。一天，办公室主任把小唐叫到办公室，对小唐说："你虽然刚来，但毕竟是公开招聘进来的，现在有一个任务要交给你。"小唐听后笑着问："什么任务？""局里要召开一个会议，安排部署安全生产工作，要求所有单位分管领导参加，这是会议方案。你根据会议方案，写一个会议通知，写好后交给我。"

小唐回到办公室，开始根据会议方案起草会议通知。小唐用了一下午的时间将会议通知写好，送到主任办公室。

第二天，主任把小唐叫了过去。一进门，小唐就发现主任的脸色不对，再看看桌上的会议通知，已被改得面目全非了。主任说："你写的会议通知不合格，回去按照我修改的重新写。"

小唐应该如何重新起草会议通知呢？

【范例感知】

例文 1

××学院批转绿化委员会等部门
《关于开展春季植树活动的意见》的通知

各处、系及中层单位：

　　学院同意绿化委员会等三部门《关于开展春季植树活动的意见》，现转发给你们，请结合实际情况认真贯彻实施。

××学院（盖章）
2019 年 5 月 4 日

例文 2

住房和城乡建设部转发××市《关于开展本市
既有玻璃幕墙建筑专项整治工作的通知》的通知

各省、自治区建设厅，直辖市建委：

　　现将××市《关于开展本市既有玻璃幕墙建筑专项整治工作的通知》转发给你们，供在工作中参考。

　　请各地切实加强对既有建筑幕墙的使用安全管理，积极组织开展本地区既有建筑幕墙专项整治工作，及时排查质量安全隐患，强化对既有建筑幕墙安全维护的监督管理。

住房和城乡建设部（盖章）
2018 年 8 月 4 日

例文 3

国家文物局关于印发 2017 年度文物
行政执法指导性案例的通知

（文物督函〔2017〕1995 号）

各省、自治区、直辖市文物局（文化厅），新疆生产建设兵团文物局，天津、上海、重庆文化市场行政执法总队：

　　经各地推荐、案件初评、实地复核、专家复评，国家文物局将"北京灵光寺擅自在北京市文物保护单位西山八大处之灵光寺建设控制地带内进行建设工程案"等15个案例，确定为"2017年度文物行政执法指导性案例"，现予以印发，供办理类似文物行政违法案件时参考。

入选案例在违法主体、违法对象、违法类型等方面涵盖广泛，在严格执法、严肃追责的基础上，更加注重提升执法效能。入选案例在坚决贯彻文物保护法律法规、坚持文物保护原则理念、推动文物保护责任落实等方面成效突出，体现了办案单位和办案人员忠于职责、敢于担当、勇于作为的优良作风和高水平的办案能力。

请各地结合"文物法人违法案件专项整治行动（2016—2018年）"和文物行政执法工作实际，组织开展学习、宣传、培训，以入选案例为指导，严肃查处各类文物违法行为，提高行政违法案例办理水平，坚决遏制文物违法案件多发态势，确保文物安全。

特此通知。

附件：2017年度文物行政执法指导性案例

国家文物局（盖章）
2017年12月18日

例文 4

关于开展 2019 年中国科协优秀中外青年交流计划的通知

各专科分会、有关单位、有关人员：

根据中国科协组织人事部下发的《关于开展2019年中国科协优秀中外青年交流计划的通知》（科协组函人字〔2019〕243号）精神，决定在各专科分会、单位会员、个人会员范围内开展推荐。请各有关单位做好宣传发动工作，积极推荐符合条件的人员。

一、候选人条件

按照科协组函人字〔2019〕243号文件中的相关要求执行。

二、申报材料

候选人相应的"申报表"一式二份，附件证明材料一份。

三、材料上报时间

各推荐单位于2019年10月7日前，将候选人材料报送到浙江省中医药学会秘书处（浙江省杭州市拱墅区莫干山路110号华龙商务大厦19楼1902室）。

电子版发送至：729717626@qq.com

联系人：楼彦

联系电话：0571-85166805

附件一：《关于开展2019年中国科协优秀中外青年交流计划的通知》（科协组函人字〔2019〕243号）

附件二：2019年中国科协优秀中外青年交流计划推荐表

浙江省中医药学会（盖章）
2019年9月27日

例文5

关于沈本领同志职务任免的通知

苏教党〔2019〕107号

江苏教育报刊总社（省教育厅教育宣传中心）：

经研究决定：

沈本领同志任江苏教育报刊总社（省教育厅教育宣传中心）正处职干部，试用期一年，免去其江苏教育报刊总社（省教育厅教育宣传中心）副社长（副主任）职务。

中共江苏省教育厅党组（盖章）
2019年12月2日

【知识点睛】

一、通知的概念和特点

通知是一种适用于批转下级机关的公文，转发上级机关和不相隶属机关的公文，传达要求下级机关办理和需要有关单位周知或者执行的事项，公布任免人员的公文。

通知的行文对象通常是所属下级机关或群众，所以按行文方向划分，通知属于下行文。

晓谕性是通知的显著特点。

二、通知的种类

1. 批转性通知

批转性通知是批转下级机关公文的通知。在工作中，对来自下级机关的一些公文，先表明态度然后再转给本机关所属相关单位贯彻执行，可使用此类通知。

2. 转发性通知

转发性通知是转发上级机关或不相隶属机关的公文的通知。在工作中，对来自上级或不相隶属机关的公文，将其转给本机关所属下级单位贯彻执行，可使用此类通知。

3. 印发性通知

印发性通知是发布本机关公文的通知。在工作中，下发通知，要求所属单位贯彻执行，可使用此类通知。

4. 事项性通知

事项性通知是用来告知某一事项或做出某种指示的通知。在工作中，某一事项需要下级单位周知或办理，某些精神需要下级领会贯彻，可使用此类通知。

5. 任免性通知

任免性通知是用来公布人事任免事项的通知。在工作中，有重要的人事变动，或有人事任免事项发生需告知公众，可使用此类通知。

三、通知的写法

1. 批转性通知的写法

（1）标题。标题由发文单位全称、被批转文件标题和文种组成，如"××学院批转招生办关于开展春季招生工作的意见的通知"。

（2）主送机关。是文件的承办或答复机关。一般情况下要写出主送机关的全称，如属于普发性通知或主送单位较多时，也可采用泛称，如"各处、系"。

（3）正文。一般由表明态度、提出要求等方面的内容组成。其语言表达通常如："省教育厅同意××大学的《关于自主招生的几点建议》，现转发给你们，请认真贯彻执行。"然后另起一段阐述意义，明确贯彻执行的具体要求。

（4）署名、日期。在正文右下方写明发文机关名称和日期并加盖印章。加盖印章的公文成文日期一般右空四字编排。署名在日期上方居中。

（5）被批转文件原件。将被批转文件内容附于后面，标题要居中。

2. 转发性通知的写法

（1）标题。标题由发文单位全称、被转发文件标题和文种组成，如"江苏省教育厅转发国家教育部《加强高等学校校园秩序管理的通知》的通知"。

（2）主送机关。与批转性通知相同。

（3）正文。一般由表明意图、提出要求等方面的内容组成。其语言表达通常如："现将《中国人民银行提高贷款利率的相关规定》转发给你们，请认真贯彻执行。"然后另起一段阐述意义，提出具体要求。

（4）署名、日期。与批转性通知相同。

（5）被转发文件原件。将被转发文件内容附于后面，标题要居中。

3. 印发性通知的写法

（1）标题。标题由发文单位全称、印发文件标题和文种组成，如"国务院办公厅关于印发《国家行政机关公文处理办法》的通知"。

（2）主送机关。与批转性通知相同。

(3)正文。一般由情况说明、提出要求等方面的内容组成。

(4)署名、日期。与批转性通知相同。

(5)被印发文件原件。将被印发文件内容附于后面,标题要居中。

4. 事项性通知的写法

(1)标题。标题由发文单位全称、事由和文种组成,如"中国××学会关于召开学术交流工作研讨会的通知"。

(2)主送机关。与批转性通知相同。

(3)正文。首段交代发文的缘由、要达到的目的或要实现的意图,紧接着以过渡语句转入下文即主体部分;主体部分是通知的主要内容所在,一般分条列项来写,最后一项之后文章自然收束。由于本类通知所包含的小类比较多,正文写法不完全相同,下面分别具体说明。

①会议通知。开头交代召开会议的依据,包括事实依据和理论依据,如"目前……根据……";召开会议要达到的目的,如"为了……";然后明确表达意图:"现决定召开×××会议";紧接着以过渡句如"具体情况如下"转入主体部分。

会议通知的主体部分通常包括会议主题、会议内容、会议时间与地点、与会人员、相关事项等内容。最后要写清联系人和联系方式。

②指示性通知。指示性通知是上级单位就某项工作从宏观上做出指示的一种通知,其正文内容一般比较多,通常是先说明开展某项工作的依据,其次说明做好或开展某项工作的重要性,然后使用过渡句如"具体要求如下"转入主体部分。

主体部分要根据工作的具体内容和具体要求,分段或分条列项进行表述。指示性通知表达语气要严肃坚定,不可含糊,要给人以不容置疑之感。

③告知性通知。告知性通知是就日常工作中某些事务性的工作进行告知,如放假通知、临时性事务通知等,其正文内容一般较少,有时可不必分条列项,说明清楚即可。

(4)署名、日期。与批转性通知相同。

5. 任免性通知的写法

(1)标题。如果通知的内容为任职情况,标题通常是"关于×××同志任职的通知";如果通知的内容为免职情况,标题通常是"关于×××同志免职的通知";如果通知的内容既有任命职务情况又有免除职务情况,标题通常为"关于×××同志职务任免的通知"。

(2)主送机关。所辖下属单位。

(3)正文。任免通知的正文相当简单,通常第一句先写"经××研究决定",然后写出"任命张××为公司总经理""免去张××学院党委书记的职务"即可。既有任命职务又有免除职务时,如果发生在一个人身上,则最好先写任命什么职务再写免去什么职务;如果发生在不同人身上,则可先写"一、职务任命",再写"二、职务免除"。不管是任命还是免职,都不需要解释理由。

(4) 署名、日期。与批转性通知相同。

四、通知的写作要求

1. 内容单一、具体

每份通知只说明一件事情，布置一项工作，不宜在一份通知中表述多项事情。通知中无论是对事情的介绍、说明还是所提要求，都要明确具体。

2. 措辞严密

通知的语言要准确、完整、严密，便于单位或个人理解通知的内容。

【案例展示】

小唐拟写的通知如下：

**××安全监管局关于召开
2019"安全生产月"活动总结交流会的通知**

各有关单位：

为认真总结交流今年"安全生产月"活动的经验做法，表彰先进，推动工作，定于2019年9月中旬在××省××市召开全局"安全生产月"活动总结交流会。现将有关事项通知如下。

一、参加会议人员

各单位一把手；各单位"安全生产月"活动组织机构有关负责人；单位各班组负责人；受表彰的安全生产优秀个人。

二、会议时间和地点

1. 时间：9月15日至16日，会期2天。

2. 地点：××省××市××宾馆。（地址：××市××区××路××号）

三、其他事项

1. 请各单位于9月6日前将参会人员回执报送××监管局办公室。联系人及电话：张××，××××××××（带传真）、138××××××。

2. 会议食宿统一安排，住宿费用自理。

3. 参会人员如需接站、购买返程车票，请提前将所乘航班、车次电告。（联系人及电话：杨××，××××××××（带传真），136××××××）

附件：参会人员回执。

××安全监管局办公室
2019年9月1日

【能力训练】

1. 阅读下列三条材料,各起草一份通知。

(1) 为改善办学条件,学院决定利用假期时间,维修2号寝室楼。要求学生将自己的物品清理好,放在学校指定的地方。

(2) ××市环境脏、乱、差现象较为突出,为解决这一问题,市城建局、环保局联合向有关单位下发一通知。

(3) ××市政府向所属各局发文,任命×××同志为人力资源和社会保障局局长,免去其人事局局长的职务。

2. 指出下面《××职业学院关于召开招生工作会议的通知》存在的问题并加以修改。

> ××职业学院关于召开招生工作会议的通知
>
> 招生办及各教学单位:
>
>   为了进一步贯彻落实省招生工作会议精神,更好地开展今年的招生工作,经研究决定召开学院招生工作会议,现将有关事项通知如下。
>
>   一、会议内容:
>
> 1. 介绍和分析近年来我校的招生情况;
> 2. 着重讨论、分析和预测今年的招生情况;
> 3. 招生工作安排等事宜。
>
>   二、参加人员:全院与招生工作有关的人员。
>
>   三、会议时间:定于6月18日上午8时。
>
> ××学院办公室

第二节 通 报

【学习目标】

1. 了解通报的概念与种类。
2. 掌握通报的写作方法和写作要求。
3. 学会写作通报,并能根据需要恰当运用。

【案例导入】

2014年1月13日至22日,盐城师范学院商学院八名大学生志愿者前往贵州省锦屏县铜鼓镇小塘村，进行了为期10天的"爱在路上"扶贫支困之行的志愿服务活动，给山区人民送来了温暖。盐城师范学院商学院团委决定对这八名志愿者予以表彰。团委张××承担了拟写此项公文的任务。

【范例感知】

例文1

关于表彰王××同志不畏强暴勇斗走私犯罪分子事迹的通报

全县各级党组织：

共产党员王××同志是我县工商管理局一名青年检查员。2018年2月21日清晨，他在对一辆长途客车例行检查时，查获走私犯罪分子张××走私黄金×××克，在押送途中，张先以人民币×××元妄图贿赂王××同志，被王××同志严词拒绝后，就凶相毕露，拔刀行凶，刺伤王××同志脸部、胸部。王××同志身负重伤，但临危不惧，英勇地与张××搏斗，在群众协助下，终于将张××扭获。

王××同志今年26岁，参加工作4年来，机智地战斗在缉私岗位上，先后破获各种走私案件十余起，连续4年被评为县先进工作者。鉴于王××同志一贯表现突出，在关键时刻又经受住了严峻考验，特予以通报表扬。

希望各级党组织发动党团员和广大青年，学习王××同志为维护党和人民的利益，不畏强暴，坚决同违法犯罪分子做斗争的英勇事迹，学习他热爱本职工作，出色地完成党交给的艰巨任务的崇高品质，在党和政府的领导下，为我县的各项事业做出更大的贡献。

中共××县委员会

2018年3月2日

例文2

关于处理周末报餐行为的通报

兹有生产部××车间钳修员工×××、×××，自公司提供周日用餐福利以来，均未按照周末报餐和用餐规定进行吃饭和刷卡，其行为，无视公司管理规定，严重影响公司相关管理纪律。念其为该规定实施以来首次违反，且认识错误态度较好，为严肃周日报餐管理纪律，警诫他人，杜绝类似现象的发生，根据周末报餐有关规定，经公司生产部管理层研究决定，现对该两名员工的违规行为在公司范围内予以通报批评。希望公司全体人员以此为戒，在周末报餐中严格遵照规定报餐和用餐，如再发生类似现象，公司将给予严肃处理！

特此通报！

××文化产业有限公司

2018年12月6日

【知识点睛】

一、通报的概念和特点

1. 通报的概念

通报是用于表彰先进、批评错误、传达重要精神或者情况的一种文体。通过对具有普遍意义的典型事例、成功经验和失败教训进行通报,达到宣传和教育的作用。

2. 通报的特点

(1) 典型性。通报无论是表彰好人好事还是批评坏人坏事,都是选取有代表性的典型材料,使人有所启迪,受到鞭策,得到教益,并达到预期目的。因此,写通报要善于选择典型事例,使通报内容具有广泛的指导性和普遍的适用性。

(2) 教育性。通报是正式的公文,它所涉及的事项往往具有普遍的指导和教育意义,无论是表彰先进、批评错误还是通报情况,其目的都是使人们受到激励,得到启发,或使人们有所借鉴和警戒,以不断提高思想认识,改进工作。

(3) 时效性。制发通报是为了有利于当前工作的进行,因此只有迅速及时地将正面的、反面的或重大的典型事物报道出来,让有关单位或有关人员学习,通报才能起到应有的作用,免得时过境迁,失去通报应有的作用。

二、通报的类型

因标准不同,通报可以有多种分法。从性质上分,有情况通报、表彰性通报和批评性通报。

(1) 情况通报,是用来传达重要精神、重要情况的通报,目的是让下级了解上级的重要精神、工作意图或者全局的情况。

(2) 表彰性通报,是指以表彰先进单位和先进个人为主要内容的通报,目的是宣扬先进,树立榜样,做好工作。

(3) 批评性通报,是以披露事故、揭发错误、批评过失、总结教训为主要内容的通报,目的是惩戒不良的单位或个人,防止类似的错误或事故的再度发生。

三、通报的结构与写法

通报由标题、主送机关、正文、署名和日期组成。

1. 标题

通报的标题一般常用公文规范式,即"发文机关+事由+文种";也可采用省略式,即"事由+文种";或只写文种"通报"。

2. 主送机关

除突发性通报可以不写主送机关外,一般通报都必须写明主送机关。

3. 正文

通报正文的写法比较灵活，一般要把通报情况的缘由、时间、地点、经过、结果、要求等交代清楚，并分析所陈述内容的性质、意义等。由于不同通报的内容、性质、功能等方面各有差异，所以正文的写法也有所区别。

（1）情况通报。情况通报的正文，关键在于对情况的掌握要确切、全面、充分。首先要交代制发通报的原因、目的；其次对所出现的情况予以说明，阐明道理；最后提出指导性意见及解决问题的措施和办法。

（2）表彰性通报。正文应写清以下三层内容：首先概述先进事迹，即简要写出何人或何单位，在何时何地何背景下，有何先进事迹；然后简要评价，即进行分析、评议，归结其积极意义，以利于人们学习借鉴；最后提出表彰，发出号召，也有的以"特予以通报表扬，以资鼓励"之类的惯用语作结。

（3）批评性通报。一般也由三层内容构成：首先概述典型事故或错误行为的主要事实，注意把人物、时间、地点、事件和结果写清楚；其次对所通报错误、问题或事故进行分析评议，说明产生的原因和造成的危害，并提出处理意见和决定；最后提出要求，指出要从中吸取教训，以防止类似事情的再度发生。

4. 署名和日期

写明发文机关、成文时间。

【案例展示】

团委张××拟写的通报格式如下：

盐城师范学院商学院团委关于表彰大学生志愿者扶贫支困的通报

各团支部：

2014年1月13日至22日，我院八名大学生志愿者前往2000公里之外的贵州省锦屏县铜鼓镇小塘村，进行了为期10天的"爱在路上"扶贫支困之行的志愿服务活动。活动中，志愿者通过与村中孩子互动、帮村民种植庄稼、写对联等活动表达了对山区人民的关爱之情。本次活动筹措善款6000元，还得到大量的物资捐赠，并引起社会对山区人民生活的密切关注，给山区人民送来了温暖。

大学生志愿者放弃假期的个人休息时间，主动热情地给山区人民送温暖、献爱心，为山区人民做出了突出贡献。为此，商学院团委决定：

一、将大学生志愿者送温暖、献爱心的光荣事迹通报全院，予以表彰。

二、给大学生志愿者"爱心天使"的荣誉称号，以资鼓励。

希望商学院的各团支部同学向大学生志愿者学习，发扬乐于助人、无私奉献的崇高精神，为建设和谐商院做出更大的贡献。

盐城师范学院商学院团委

2014年3月13日

【能力训练】

1. 下面是某公文的主体部分，请指出其错误之处，并在此基础上重新拟写一份通报。

表彰通报

　　市××化工厂，采取有力措施，切实贯彻《安全生产条例》，建立安全生产岗位责任制，实现全年生产无事故，成为我市第一个安全生产年优秀企业。为此，市政府决定对××化工厂通报表彰。

××市政府
2018 年 2 月 18 日

---

2. 根据下面的内容写一篇通报。

　　上海世博会期间，上海市旅游市场中出现了部分经营者采取不正当手段销售旅游产品、保健品等不规范行为。上海市工商局、旅游局根据举报，对位于××区××路1361号上海江南同仁汉方大药房的经营场所实施了检查，发现该单位以提供餐饮服务、足浴保健、专家讲课等服务形式，诱骗游客购买保健品谋取高额利润。工商行政管理部门已对其做出停业整顿的处理，并正在做进一步的调查。

　　为维护上海城市的良好市场形象和游客的合法权益，为世博会创建良好的旅游接待环境，上海市旅游行业协会向各旅行社会员单位发出情况通报，要求教育全体导游以大局为重，不要组团到上海江南同仁汉方大药房以及相关单位消费、购物。具体名单如下：（略）。

第三节　报　告

【学习目标】

1. 了解报告的概念与种类。
2. 掌握报告的写作方法和写作要求。
3. 学会写作报告，根据需要恰当运用。

【案例导入】

　　××县通过招商引进了一家发电厂，由于发电厂没有很好地解决排污问题，对附近××河水质造成污染，给当地居民的生产和生活带来了严重的影响。村民多次向所在县有关部门反映情况，没有结果。于是××村委员会将××河水质污染情况反映到省政府。省政府对此事十分重视，将××村委员会提交的《关于××河水质污染状况的报告》转给××县政府，并要求县政府立刻解决此问题。县政府立即成立调查组，对××河水质污染问题进行调查并提出解决问题的办法。

请以县政府的名义给省政府写一份《关于治理××河水质污染问题的报告》。办公室小张负责拟写这则报告。

【范例感知】

例文1

富源集团2020年工作报告

富源集团总部、各分公司及各分支机构的各位同仁：

大家好！

正月十五元宵节刚过，我在这里向大家拜个晚年！预祝大家在新的一年里取得优异成绩，以报父母、以报妻儿！今天我在这里，就富源集团2020年的工作，向大家做一个简单通报。在做通报前，我首先要对翔盛刘××总经理及其团队和华东区蒋×总经理及其团队进行表扬，他们在过节正式上班后，很快进入工作状态，效果显著，使今年集团的工作有了一个良好开端。

古人云："处大事贵乎明而能断，不明因无以知事论断。"也就是说要正确认识政经大势、准确研判政经态势，做到因势而谋、应势而动、顺势而为。去年我在新年贺词中对2020年集团发展做了初步展望，但现在国际、国内形势发生了很大变化，因此，我们也需要进行一定的调整。

国际形势：美国新任总统特朗普，上任第一天就签署了三项法案，得罪了美国许多盟友，而对选举时大加抨击的中国却很少提及，于是乎很多所谓专家纷纷乐观起来，说什么特朗普的多数政策受到了美国和西方主流势力的强烈反对和抗议，中国的实力令特朗普向中国发起挑战必须要三思而后行。由于自废武功，特朗普手中的牌并不多，再加上中国高超的外交技巧，中美关系仿佛是"忽如一夜春风来，千树万树梨花开"。不过，我更愿意相信这是特朗普在积蓄力量，两国之间大规模的政经博弈即将到来。

国内形势：习近平主席在达沃斯世界经济论坛2020年会上的讲话，坦承了中国的担当和承诺，包括拜登等美欧政经名流也认为美国正在把世界的领导权和对全球商业的领导权移交给了中国共产党领导人，无论他们是善意还是恶意，中国都必然会损失一些近期利益，中国经济乃至世界经济在未来三四年里必然会在动荡中度过。我的看法是，有了"商人总统"特朗普和"复兴主席"习近平，世界在未来五年、十年以内的变化，肯定会远远超过我们大家的想象，会比较复杂一点。其实复杂不是坏事，关键是你怎么看。任何变化，你当作灾难的时候，越看越不顺眼；任何变化，你当作机会、当作好奇、当你拥抱它的时候，会越看越有意思。

大家都知道我是个乐观主义、理想主义者，同时我也是个现实主义者，我要对公司的股东和全体员工负责，我深知对方的拳头击打在我身上时，我要做什么反应。因此，经过审慎思考，我将今年集团的工作归纳为三条：人才的引进、培养、管理；加强集团内部自我造血、输血能力；快速布局基金分支机构，年内争取实现线上线下的协调发展。

一、人才的引进、培养、管理

越是经济情况不好，越要加强对人才的引进、培养、管理，这是公司运营的铁律。今年，集团将重点发展通航和金融两大板块。通航板块在翔盛军品的强势带动下，今年已经有了一个良好的开端，但我们不能满足现状，我们以后要将军品生产系列化，以军带民，在未来5年内实现所在领域的垄断地位。这就需要我们在提高管理水平和生产工艺的基础上，大力引进高端人才，为他们创造可以想象的发展空间，为他们解决后顾之忧，争取在续航能力、有效负载、系统集成和智能化、隐身性能等领域，选择性地建立技术优势，形成技术壁垒，实现公司可持续、高效益发展。

金融板块的营销队伍是集团的精英人才，是久经考验的队伍，集团领导对各团队总经理、总监的能力还是充分认可的，但认可不代表我们大家就可以没有危机感。希望各营销团队负责人在今年2月底以前，制订出切实可行的管理、培训计划，建立起符合行业新形势、新变化的激励、淘汰制度，最大限度地降低机会成本，实现各业务团队在业绩上新的突破。

二、加强集团内部自我造血、输血能力

近段时间，有些公司同仁总是抱怨客户把基金使用方（即项目方）未能及时兑付的全部责任都推给我们基金公司来承担，使公司不得不承担巨大的资金压力和道德风险，这种情况如果持续下去，做大做强公司简直就是一句空话。我认为，有这种想法的员工还是不错的，至少他们关心公司发展，不过这种想法未免有些狭隘。试想一下，如果你的家人或朋友投资了不能兑付的基金，你还会有这种想法吗？所以说，既然在中国做基金，就不要谈所谓欧美正统，要考虑中国国情，要考虑国内客户投资的零风险意识。那么如何能做到呢？如果我们总是沿用以前的老思路，为别人募集基金，相信路会越走越难。尽管我们在项目采集上采用了风险较小的PCC模式，但在诚信制度缺失、社会整体浮躁的今天，也难免不会陷入其中。既然别人我们很难控制，那么，我们就做好自己的事，提高自己的抗风险能力。如何提高呢？我想就是落实我们一再强调的"实业+金融"的经营模式，即金融助推实业，实业反哺金融，加强集团内部自我造血、输血能力，让我们的实业真正具备强大的反哺能力。

今年上半年，集团将重点推动集团控股公司翔盛航空和正通仁和物流园两个实体项目的建设、生产、经营。按照最保守的估计，今年翔盛航空科技公司由于军品项目的全面定型生产，会为集团带来5000万元以上的纯利润，最近3年内年利润增速也不会低于40%。有了如此强大的反哺能力，你们还担心自己客户的投资不能及时兑付？还担心公司不能做大做强，自己的才能没有发挥空间？

三、快速布局基金分支机构，年内争取实现线上线下的协调发展

今年上半年，集团将陆续封闭翔盛航空产业基金、正通仁和物流产业基金，下半年精选2到3只朝阳产业基金，总发行量将超过4亿元。另外，随着经济的持续动荡，会有越来越多"错杀"的好项目需要募集基金。因此，我们要抓住本次发展机遇，快速布局分支机构，提高市场占有率，争取在年内新增20—25家分支机构，到年底前实现线上线下的良性互动。

望各单位领导，尽快落实报告精神，为今年工作取得开门红而努力！

集团董事局主席王××
2020年2月20日

例文2

××镇人民政府关于发生洪涝灾害的报告

××县人民政府：

近日，××江上游和本地普降暴雨，我镇部分群众受灾，现将具体情况报告如下。

2017年7月2—4日，由于××江上游和本地普降暴雨，江水猛涨，淹没我乡××村、××村、××村、××村、××村、××村，导致我乡1200多亩玉米和500多亩水稻减产，损坏房屋78间，无人员伤亡。

灾情发生后，镇党委、镇政府及相关部门迅速行动起来，到受灾村进行现场指导抢险救灾工作。及时召开生产自救工作会议，组织恢复生产，抢种补种。对部分村有组织、有计划地安排劳务输出。

目前，我们正在根据核实后的灾情，制订灾民救济方案，以帮助受灾群众早日恢复正常的生产生活。

特此报告。

××镇人民政府
2017年7月10日

例文 3

关于张××同志职称评定问题的答复报告

××市人民政府办公室：

接市办 5 月 20 日查询我单位张××同志有关职称评定情况的通知后，我们立即进行了调查。现将有关情况报告如下：

张××同志是我集团公司二分厂工程师，该同志 1962 年起曾在××工学院受过四年函授教育，学习了有关课程。由于"文革"而未能取得学历证明。因缺乏学历证明，在今年上半年职称评定时，根据上级有关文件精神，我单位职称评委会决定暂缓向上一级职称评委会推荐评定他的高级工程师职称，待取得学历证明后补办。该同志认为这是刁难，因而向市政府提出了申诉。

接到市政府办公室查询通知后，我们专程派人去××工学院查核有关资料。得到工学院的支持，正式出具了该同志的学历证明。现在，我集团公司职称评委会已为张××同志专门补办了有关评定高级工程师的推荐手续，并向该同志说明了情况。对此，他本人已表示满意。

特此报告。

××集团公司
2016 年 5 月 13 日

【知识点睛】

一、报告的概念和特点

1. 报告的概念

报告是行政机关和党的机关都广泛采用的重要上行文，适用于向上级机关汇报工作、反映情况、答复上级机关的询问，它帮助上级及时了解情况，掌握下情，为领导决策提供依据，利于接受上级的监督和指导。

2. 报告的特点

（1）单向性。报告是下级机关向上级机关汇报工作、反映情况、提出建议时使用的单向上行文，不需要上级机关给予批复。

（2）汇报性。陈述性报告具有汇报性，是向上级机关讲述单位遵照上级的指示，做了什么工作、怎样做的、取得了哪些成绩、还存在哪些不足，所表达的内容和使用的语言都是陈述性的，即便是提出建议的报告，也要在汇报情况的基础上，才能深入一步提出建议来。

（3）事后性。报告，是在某项工作开展了一段时间或完成之后，即事中或事后行文，或是在某种情况发生之后，向上级做出的汇报。

（4）实践性。汇报的工作，是对本单位工作的回顾或总结；反映的情况，是本单位在工作实践中所遇到的情况或问题；答复上级机关的询问，也只能依据本单位的实际情况。

（5）沟通性。报告虽不需批复，却是下级机关以此取得上级机关的支持或指导的桥梁；同时上级机关也能通过报告获得信息，了解下情，报告成为上级机关决策指导和协调工作的依据。

二、报告的种类

根据行文目的不同，报告有以下几类：

（1）工作报告。凡是用来向上级汇报工作的报告，都是工作报告。工作报告又可分为综合工作报告和专题工作报告两种。

（2）情况报告。向上机关反映本单位的重要情况、一些新的动态、倾向，最近出现的新事物等，以使上级机关及时了解情况，做出决策。

（3）建议报告。对自己职权范围内的某方面工作有了深思熟虑、切实可行的设想之后，将其归纳整理成意见、办法、方案，上报上级，希望上级机关采纳，这就是建议报告。

（4）答复报告。这是答复上级机关询问的报告，针对性较强，上级询问什么就答复什么，不能答非所问，是被动的行文。

（5）报送报告。这是向上级报送文件、物件时使用的报告，正文通常非常简略，只需写明"现将×××报上，请查收"即可。真正有意义的内容都在所报送的文件里。

三、报告的格式与写法

报告一般由标题、主送机关、正文及落款组成。

1. 标题

标题由发文单位、事由和文种组成，如"铁道部关于93次动车发生重大事故的报告"。

2. 主送机关

报告一般只送一个上级机关。但受双重领导的单位，依据分工和管理权限，可以报送其中一个上级机关，抄送给另一个，必要时同时报送两个上级机关。报告应报送自己的直接上级机关，一般情况下不要越级行文。

3. 正文

报告的正文包括以下几个部分：

（1）报告引据。可以交代报告产生的现实背景，可以交代报告产生的缘由、起因，可以说明报告的依据，或者在开头简略叙述一个事件的概况，或者明确阐述发文的目的，均要落笔入题，有利于表达主体内容和报告主旨。

（2）报告主体。工作报告，主体部分的内容以成绩、做法、经验、体会、打算、安排为主，在叙述基本情况的同时，有所分析、归纳，找出规律性认识，类似于工作总结。

情况报告，汇报发生的情况，并客观地分析这些情况产生的原因、性质和造成的影响等。对情况已经做了处理的，应报告处理结果；尚未做处理的，应报告处理打算。

建议报告，希望上级部门采纳建议，或批转给有关部门执行、实施，这是建议报告的基本写作目的。

回复报告，根据上级机关或领导的查询、提问，有针对性地做出回答，问什么答什么，要突出专一性、时效性。

报送报告，正文一般很简短，只用一两句话说明报送的文件或物件的名称及数量即可。

4. 落款

正文结束后，会以"特此报告""以上报告如有不妥，请予指正"等语结束，并在右下方署名时加盖公章。发文日期写在署名之下。

四、报告的写作要求

（1）汇报的内容必须真实可靠。

（2）反映报告的情况要有信息价值。在报告内容方面，应着重反映那些政策性强、影响面大、带有动向性的情况和问题。

（3）对情况要有分析、有看法。无论是综合报告还是专题报告，都应避免罗列情况，冗长琐碎，写成"流水账"。应该把情况、问题归纳起来，进行认真的、实事求是的分析，使之条理化，并具体地提出解决问题的意见和措施。切忌矛盾上交，只摆情况，不做分析；或只提问题，向上级要办法。

（4）报告中不要夹带请示事项。报告与请示是公文中的两种文体，各有各的内容和写作要求，不能混为一谈。报告这种问题不需要上级批复，如果夹带请示事项，势必贻误工作。

知识链接一

实习报告

一、实习报告的概念

实习报告是指实习学生撰写的描述实习期间的工作学习经历，分析、总结实习过程、结果及体会的书面文字材料。它是应用写作的重要文体之一。实习结束时学生必须提交实习报告。实习报告的资料必须翔实，内容应简明扼要，能反映出实习单位的情况及本人实习的情况、体会和感受。实习报告要有独立的见解，重点突出，条理清晰。

二、撰写实习报告的准备

1. 资料收集

从开始实习的那天起就要注意广泛收集资料，并以各种形式记录下来（如写实习日志等）。丰富的资料是写好实习报告的基础。主要收集以下资料：

（1）如何在社会实践工作中贯彻执行党的路线、方针和政策。比如单位组织学习，内容是什么，学习方式是什么，学习后的效果如何，自己和同事们的思想有否提高。

（2）专业知识在工作中是如何灵活运用的。结合所学的知识将理论与实践有机结合起来。

（3）观察周围同事如何处理问题、解决矛盾的。实习是观察、体验社会生活，将学习到的理论转化为实践技能的过程，所以不仅要体验，还要观察。从同事、前辈的言行中去学习，观察别人的优点和缺点，以此作为自己行为的参照。通过观察别人来提高自己也是实习的一种收获。

2. 拟订实习报告提纲

拟订实习报告提纲是实习生动笔行文前的必要准备。根据实习报告主题的需要，拟订结构框架和体系。拟好实习报告提纲后，可请指导教师审阅修改。

三、实习报告的格式

1. 封面

（1）标题。常用的有三种：文种式、实习内容或专业课名称＋文种式；正副标题式。

（2）专业。

（3）年级和班级。

（4）学号。

（5）姓名。

（6）指导教师。

（7）实习单位。

（8）实习时间。

2. 正文

（1）实习目的。

（2）实习时间。

（3）实习地点。

（4）实习单位和部门。

（5）实习内容。具体介绍实习的收获，全面反映实习情况，一般字数不少于5000字。

（6）实习总结。可对实习进行总结、概括，得出结论，也可表示决心或致谢，还可针对存在的问题提出建议或改进措施等。如果实习内容部分言已叙尽，也可不写结尾。

3. 附录

（1）实习单位意见（盖章）。

（2）指导教师评语。

（3）实习报告成绩。

（4）指导老师签名。

4. 实习报告的写作要求

（1）反映情况，突出重点。

（2）分析概括，总结规律。

（3）实事求是，材料具体。

（4）表达得当，用语得体。

（5）计算精确，图表清晰。

◆ 知识链接二

调查报告

一、调查报告的概念

调查报告就是根据特定的意图，对某事物、某现象、某问题或某专题进行有目的的系统调查，获取大量的第一手信息和资料，并加以科学合理的分析研究而形成的书面报告。

二、调查报告的分类

根据调查的目的，调查报告主要有情况性调查报告、经验性调查报告、问题性调查报告三类。

三、调查报告的特点

调查报告是领导机关和决策人员进行正确决策和科学管理的重要依据，是推广成功经验和先进典型的重要手段，也是揭露问题、分析问题、解决问题、吸取教训、推进工作的重要方式。因此，调查报告具有目的的明确性、材料的客观性、方法的科学性三个特点。

1. 目的的明确性

调查报告一般有比较明确的意向，相关的调查取证都是针对和围绕某一综合性或专题性问题展开的。所以，调查报告反映的问题集中而有深度。

2. 材料的客观性

调查报告是在占有大量现实和历史资料的基础上，实事求是地反映某一客观事物。充分了解实情和全面掌握真实可靠的素材，是写好调查报告的基础。

3. 方法的科学性

调查报告离不开确凿的事实，但又不是材料的机械堆砌，而是对核实无误的数据和事实进行科学的、严密的逻辑论证，探明事物发展变化的原因，预测事物发展变化的趋势，得出本质性和规律性的结论。无论是开展调查获取事实材料，还是对事实材料进行研究论证，都要讲究科学的方法。

四、调查报告的结构与写作要领

调查报告一般由标题、正文和落款三部分组成。

1. 标题

标题可以有两种写法。

（1）公文式标题。由事由和文种构成，如"关于××的调查报告"。

（2）文章式标题。提问型标题，如"为什么外资投资倾向沿海和京津地区？"；结论型标题，如"着力减轻国有企业非税负担"；正副标题结合型，如"科技发展重在政府引导——××科学院科研成果大丰收的调查报告"等。

2. 正文

正文一般分前言、主体、结尾三部分。

（1）前言。这部分首先概述调查的情况，包括起因和目的、时间和地点、对象或范围、经过与方法，以及人员组成等，从中引出中心问题或基本结论。开头要写得精练概括，直切主题。

（2）主体。这是调查报告的核心部分。这部分详述调查研究的基本情况、做法、经验，分析调查研究所得材料，从中得出各种具体认识、观点和基本结论。在结构层次安排方面，调查报告通常采用以下三种结构方式：

①纵式结构，也称层递式结构。各部分内容之间存在逐层深入的关系，可按照事物发展变化的时间先后顺序组织材料，也可按照事理顺序组织衔接各部分内容，如先写做法再写经验、先写结果再写原因、先摆问题再提对策等。

②横式结构，也称并列式结构。即从几个方面或不同的角度阐述事物，各部分之间是并列关系，不存在时间或事理上的先后顺序。

③复合式结构。总体上将材料以纵式结构排列，各部分内又以横式结构组织层次；或总体上将材料分为并列的几个部分，在每一部分内按照时间顺序或逻辑顺序组织层次。这种结构适用于内容复杂、容量大、篇幅长的调查报告。

在写作格式上，必要时可采取小标题、序号标目、段首提要等形式。

（3）结尾。结尾的写法也比较多，可以提出解决问题的方法、对策或下一步改进工作的建议；可以总结全文的主要观点，进一步深化主题；可以提出问题，引发人们的进一步思考；还可以展望前景，发出鼓舞和号召。

3．落款

作者署名和成文日期，既可写于落款处，也可写于标题下方。

五、调查报告写作的注意事项

1．忌按图索骥

在写调查报告时，不能以领导事先定下的调子作结论，戴着有色眼镜搞调查，千方百计寻找能证实领导意图或能解释领导想法的事例。这样的调查报告违反了实事求是的原则，不仅无利，反而有害。

2．忌主观臆造

写调查报告时，切忌尚未调查便先入为主，套用一些所谓的固定模式，随之填充几个例子为之作证。有时为了说明成绩，横比不行就纵比，用绝对数比不行就用百分数比，直至说明问题为止。这样的调查报告不如没有。

3．忌名实不副

大体而言，调查报告应当是一种用事实来证明观点的文章，属于议论文的范畴，要具备议论文的三要素，不能写成访问记、通讯、故事、散文等；具体而言，调查报告又是一种用事实（事例和数据）说话，以事实明理的文章，故常大量使用说明的表达方式来反映具体情况、典型事例、典型数据，而不能离开事实空发议论，抽象思辨。

4．忌套话空话

有些调查报告，在谈形势时总是说"形势大好，问题不少，前途光明"云云，谈问题时总爱说"发展还不平衡，管理还不到位，工作还有死角"之类，这样的调查报告不过是一纸空文。

【案例展示】

县政府办公室小张拟写的报告如下：

××县政府关于治理××河水质污染问题的报告

××省人民政府：

省政府转来××村委员会提交的《关于××河水质污染问题的报告》，经县政府调查研究，对报告中提出的有关问题及解决方案报告如下：

一、由于发电厂没有解决好排污问题，对附近的××河水质的确造成了污染，给当地村民的生产和生活带来了严重的影响。

二、造成水质污染的主要原因：一是电厂污水未经处理；二是储灰厂选址不当。

三、解决办法如下：

1. 建立污水处理厂。××河水质污染主要是电厂排放的污水所致。电厂日污水排放量为 25 万吨，因污水处理厂未能及时建立，致使污水直接排入××河，造成了××河的污染。

为解决××河的污染问题，县政府决定建立污水处理厂，争取在年末建成。污水处理厂预算投资为 1100 万元，现已开工。

2. 电厂储灰厂重新选址。电厂的粉煤灰也是污染源之一，因此对电厂储灰厂的选址，必须考虑到对地下水和环境的污染。选址工作已责成电厂建设科抓紧进行，争取尽快报县政府有关部门审批。待审批后，立即兴建。

××县政府

2017 年 4 月 5 日

【能力训练】

根据下面提供的材料，请以××市商业局的名义向××省商业厅起草一份报告。

（1）2019 年 2 月 20 日上午 9 点 20 分，××市××百货大楼发生重大火灾事故。

（2）事故后果：未造成人员伤亡，但烧毁一幢 3 层楼房及大部分商品，直接经济损失达 792 万元。

（3）施救情况：事故发生后，市消防队出动 15 辆消防车，经 4 个小时扑救，火灾才被扑灭。

（4）事故原因：直接原因是电焊工××违章作业，在一楼铁窗架作业时电焊火花溅到易燃货品上引起火灾，但也与××百货大楼员工安全意识淡薄，安全制度不落实，许多安全隐患长期得不到消除有关。

（5）善后处理：市商业局副局长带领有关人员赶到现场调查处理；市人民政府召开紧急防火电话会议；市委、市政府对有关人员视情节轻重，作了相应处理。

第四节　请　示

【学习目标】

1. 了解请示的概念与种类。
2. 掌握请示的写作方法和写作要求。
3. 学会写作请示，并能根据需要恰当运用。

【案例导入】

物流管理班创业小组打算开设一家租车铺,以方便大学生的学习和生活。现向大学生创业基金会申请创业基金。张××作为组长,要以物流管理班创业小组的名义起草一份请示。

【范例感知】

例文1

××省财政厅关于能否改"总会计师"为行政职务的请示

财政部:

  国务院1987年国发〔1987〕××号通知颁布的《会计人员职权条例》规定,会计人员技术职称分为总会计师、会计师、助理会计师、会计员四种,其中"总会计师"既是行政职务,又是专业技术职务,负责全厂的财务会计事宜。实际工作中,有时会出现一个单位有2位或2位以上具有总会计师职务者,由谁负责财务会计事宜难以确定。我厅认为可以将行政职务与专业技术职务分开,即"总会计师"只作为行政职务,而不再作为专业技术职务;同时比照国务院最近颁发的《工程技术干部技术职称暂行规定》,将《会计人员职权条例》第五章规定的会计人员专业技术职务中的"总会计师"改为"高级会计师"。

  是否妥当,请指示。

××省财政厅(盖章)

××××年×月×日

例文2

××学院关于增设秘书专业的请示

××市教育委员会:

  为适应社会主义现代化建设的需要,我院拟增设秘书专业(本科)。现将具体事宜请示如下:

  随着我国社会主义现代化建设事业的发展,社会对秘书人才的需求越来越多。秘书是各级领导的参谋和助手,但目前各级机关的秘书,基本上是师傅带徒弟的传统方式培养出来的,没有受过系统的、严格的专业教育和训练,专业素质不能适应新形势的要求,开设秘书专业,培养高层次的秘书人才,具有重要的现实意义。

  为筹办此专业,我院现已成立该专业的筹备小组,成员共18人,均为教师,其中教授3人、副教授6人、讲师9人,师资力量及师资结构较为合理。此外,我院曾分别与××等机构合作举办秘书人员培训班多期，有一定的办学经验。

此专业以培养县以上党政机关和企业事业单位秘书工作人员为目标，将秘书专业纳入本科教育，学制四年。此专业拟于2015年秋季开始招生，招生人数为50人，到2018年，此专业在校生人数达到150—200人。

当否，请批示。

××学院
2015年9月15日

例文3

关于申请订阅《党建经纬》经费的请示

部领导：

《党建经纬》是吉林省委组织部部刊。创刊以来，《党建经纬》在加强全省干部队伍建设、推进基层组织建设和指导各市组织部门工作方面，发挥了重要指导作用，深受组工干部欢迎。现申请党费520元，订阅2018年《党建经纬》。其中11处科室订11本，部领导各1本。

当妥，请批示。

研究室
2018年1月30日

【知识点睛】

一、请示的概念和特点

1. 请示的概念

请示是机关、团体、企事业单位向上级部门请求指示或批准时使用的公文。请示的行文对象是本单位的行政上级或业务上级，其行文方向是上行，所以请示属于上行文。

2. 请示的特点

（1）是上行文，针对性强。请示属于上行文，请求上级机关给予指示、决断、批准或答复，其行文的针对性是很强的。并非任何事项都可以用请示行文。只有本机关工作中遇到新情况、新问题或克服不了的困难，或者单位权限范围内无法决定的重大事项时才可以用"请示"行文。

（2）只报一个主送机关，具有事前性。请示的"呈批性"特点决定了请示必须在事前行文，而不允许事后补报。要针对本单位当前工作中出现的情况和问题，求得上级机关给予指示或批准，上级机关要针对所呈报的请示事项，明确表态。下级机关在接到上级机关的"批复"后,要根据上级机关意见开展工作。

(3)不得越级请示,逐级性严格。即下级机关仅向具有隶属关系的上级机关行文,这是上行文常用的方式。除了特殊情况外,下级机关一般仅向其直接上级机关行文,以保持正常的领导与被领导关系。越级请示的要同时抄报直接上级领导机关。所谓越级请示,即下级机关在非常必要时,越过有隶属关系的上一级机关,仅向更高级的上级机关行文。

下列特殊情况下可以越级请示:

①发生特殊紧急情况,如严重自然灾害等,逐级上报会延误时机,造成更大损失的问题。

②向具有隶属关系的上一级机关请示多次,长期未能得到解决的问题。

③隶属下级机关与上级机关之间有争议而无法解决的问题。

④上级机关交办的,并指定越级上报的事项。

⑤对上一级机关进行检举、揭发的问题。

⑥询问与请示极个别的、必要的具体问题等。

二、请示的种类

1. 请求指示性请示

机关、团体、企事业单位在工作中出现如下情况时,要向上级单位进行请示:对现行方针、政策、法令、规章、制度不甚了解,需要上级明确答复;工作中出现了新情况、新问题无章可循,需上级明确指示;因情况特殊难以执行现行规定,或对现行规定需予以变通,需上级指示;因意见分歧难以统一,需上级裁决。这时请示的目的是请求上级给予指示,这种请示就是请求指示性的请示。

2. 请求批准性请示

机关、团体、企事业单位在工作中出现如下情况时,要向上级单位进行请示:主管上级单位明确规定必须请示才能办理;涉及人、财、物;事项的解决需要上级批转其他部门协助。这时请示的目的是请求批准,这种请示就是请求批准性的请示。

三、请示的格式与写法

请示由标题、主送机关、正文、落款四部分组成。

1. 标题

请示的标题有两种形式:一种是由发文机关、请示事项和文种等三要素构成;另一种是由请示事项和文种构成。无论是哪种形式的标题,制作时都要注意所使用的动词不要与文种名称的词语表意重复。

2. 主送机关

请示必须写明主送机关。请示的主送机关只能有一个,且一般不要主送上级机关的领导个人。受双重领导的也是如此。需要同时送其他机关的,应当用抄送的形式,但不得抄送下级机关。

3. 正文

请示正文一般由以下三部分组成:

(1) 请示的根据。写作请示时要讲清楚申办事项的必要性,也要讲清楚申办事项已具备的条件及办理的可能性,目的是为请示的事项提供根据,为上级机关批复提供有说服力的依据。同时,用"为此,请示如下""为此,特作请示如下"过渡到下一部分。

(2) 请示的事项。这是请示的中心部分。这部分要清楚地写明要求指示、批准、解答的是什么事项。请求资金要写清楚数额,请求物资要具体到品名、规格、数量。如请求对某项工作的指示,则要写明自己的初步意见,而不能只提问题让上级给出措施或办法。

(3) 结束语。结束语语气很重要,要谦虚低调。结束语有"特此请示,请予批准""上述意见,是否妥当,请指示""以上意见如无不妥,请批转各地、各部门执行"等。

4. 落款

请示的落款包括署名和成文时间两项内容。署名时要写出机关全称。标题中若已写明发文机关,这里可不再署名,但需加盖公章。成文时间一般为发文日期,在发文机关下方标明,应具体到年、月、日。

四、请示的写作要求

(1) 标题要鲜明。要想让领导知道你的意图,首先要在标题上表述清楚。有的人不注重标题,只写"请示"二字,很容易让领导摸不着头脑。标题无论采用哪种写法,都要求主题鲜明,并与内容保持一致,切不可含糊其词。

(2) 理由要充分。在写请示时,一定要把问题原因分析透彻,提出的建议和方案要便于操作。因为下级机关的建议能否得到上级机关的批准,关键在于下级机关的请示能否把存在问题的原因及解决问题的理由说充分。

(3) 内容要单一。一份请示文件只能针对某一个问题或某一件事情,不能把几项内容写在同一份请示中,否则,对某些请示事项同意,但对另外的请示事项不同意,上级机关就不好下批复。一般情况下,写请示应坚持"一事一报"的原则。

(4) 主送单位明确。"请示"只能报送一个主管部门。无论哪个部门接到下级单位的请示后,都要呈报主管领导做出批示或答复。如果多头请示,很容易令领导之间造成矛盾,如果出现指示不一样情况,也会使自己在执行中陷入尴尬境地。

(5) 版式要规范。上行文的天头要留得大一些,最好占三分之一版面,留出较大的空间,为领导签署意见留出空间。有些上报文件由于天头留得过小,领导没有签意见的地方,只好签到页面两侧,显得很乱。

五、请示写作容易出现的错误

（1）多头请示。请示要坚持一文一事，报送一个主送机关。请示事项必须明确、具体、可行。不要搞多头请示，确需了解请示事项的领导机关或领导人，采取抄报形式处理。

（2）越级请示。一般不得越级请示，个别需要越级请示的，常采用两种方式：一种是转呈式，可以既避免越级，又明确主送机关；另一种是在越级请示的同时，把请示抄报被越过的主管部门，即下级机关在非常必要时，越过有隶属关系的上一级机关，仅向更高级的上级机关行文时，应将公文同时抄报给被越过的上级机关。

（3）将请示文种写成报告文种或请示报告文种，将请示与函文种混同。

（4）直接送领导者个人。除领导直接交办的事项外，请示不要直接送领导者个人，或既写主送机关，又同时主送、抄送给主送机关领导人；一般情况下，也不得在上报上级机关的同时将请示抄送平级和下级机关。

（5）请示语气过于生硬，引起上级机关反感，可能导致请示失败。

【案例展示】

张××拟写的请示如下：

关于申请大学生创业基金的请示

大学生创业基金会：

为了锻炼大学生自主创业的能力，方便我校大学生的学习和生活，我们创业小组希望能开设一家租车铺。现向大学生创业基金会申请创业基金，具体情况如下：

一、项目的可行性分析

由于本校区地处城乡接合部，远离繁华的市中心，而且我校校园范围比较大，造成我校大学生学习、生活等方面诸多不便。开设一家租车铺可以方便我校学生出行，如拿快递、去超市等都能轻松完成。

二、项目概况

项目名称：××租车铺

项目发起人：×××

三、项目总体方案设计

1. 去二手市场采购一批自行车、电动车。

2. 宣传租车铺，可采用网上宣传、分发传单等方式。

3. 进入正常运营后，建立长期客户关系。如有必要，可再购入一批新的自行车和电动车。

四、项目风险与控制

1. 存在竞争。

2. 前期客源较少，不稳定。

五、项目运营期间的组织与管理

进行服务流程培训，要求定期汇总盈利情况。

六、总投资预算

初步投资预算10000元。

恳请领导批复为盼。

物流管理班创业小组
2018 年 4 月 18 日

【能力训练】

1. 找出下列请示的错误之处并加以改正。

关于要求解决学生宿舍拥挤等问题的请示

市人民政府、市教育局：

  我校今年由于住宿生急剧增加，已有的学生宿舍已无法容纳，现在住宿生基本上是一个床位两个人睡，严重影响学生的身心健康。为解决这一困难，我校决定再建一栋学生宿舍楼。另外，我校图书馆也尚未达到省"两基"标准，望上级部门给予适当支持。

  特此请示，请回复。

××市二职
2019 年 2 月 5 日

2. 根据下面材料，写一则请示。

  ××市商贸学校由于近几年办学规模不断扩大，郊区学生逐年增多，学生宿舍严重不足。向其上级机关××市商业委员会申请将原有旧平房宿舍拆除，在原地建6层学生宿舍楼。工程所需资金××万元，全部由学校自筹。附件包括学生宿舍楼工程蓝图及工程预算表。

第五节 会议纪要

【学习目标】

1. 了解会议纪要的概念与种类。
2. 掌握会议纪要的写作方法和写作要求。
3. 学会写作会议纪要,并能根据需要恰当运用。

【案例导入】

经市科学技术委员会批准,由××科技大学、××电讯工程学院组织筹办的物理学会第三届学术交流会,于2017年8月15日在××市召开。会上,有关领导传达了专业委员会及省、市的有关文件;总结了3年来的工作情况并明确了今后的努力方向;会议邀请了一些专家作专题报告;会议形成了有关决议。物理学会会长安排学会秘书王××根据会议记录撰写会议纪要。

【范例感知】

例文1

> ## 城南开发区管委会办公会议纪要
>
> ×开发管〔2019〕×号
>
> 为整顿城南开发区市场,规范市容市貌,2019年4月8日上午,城南开发区管委会召开办公会议,由管委会主任李××主持,管委会、市建委、市工商局、街道居委会相关负责人及管委会全体干部等20人出席。首先,管委会副主任杨××报告了近几个月来开发区的脏乱现状,然后会议对"如何整顿城市市场秩序""如何制止违章建筑、维护市容市貌"两大问题进行了讨论,内容如下:
>
> 1. 如何整顿城市市场秩序。与会人员反映,近几个月来,市场秩序倒退了,街道上小商贩逐渐多起来,水果摊、菜担、小百货满街乱摆。会议决定:由工商局牵头,居委会和其他部门配合,第一周宣传,第二周行动,监督实施,做到坐商归店、摊贩归点、农贸归市,彻底改变市场紊乱状况。
>
> 2. 如何制止违章建筑,维护市容市貌。今年有的施工单位在人行道上搭工棚、堆器材,这些违章作业严重地影响了街道整齐、美观,也影响了行人安全。基建取出的泥土,拖斗车装得过多,外运时沿街散落,到处有泥沙,破坏了街道

整洁。这些情况严重地影响了市容市貌，社会各界反应很强烈。与会人员经过充分讨论、协商，一致决定：由管委会牵头，城建委等单位配合，对全区建筑工地进行一次检查。然后召开一次施工单位会议，对违章建筑、违章工场限期整改，一个月内改变面貌。

此外，居委会发动"执勤老人"按7号文件办事，对乱摆摊点、建材及违章建筑的整改情况进行监督检查，过时不改者，坚决照章处理。

参加会议主要人员：杨××（管委会副主任）、周××（管委会副主任管城建）、李××（市建委副主任）、肖××（市工商局副局长）、陈××（市建委城建科科长）及建委、工商局有关科室宣传人员，街道居委会负责人、管委会全体干部列席。

城南开发区管委会（公章）
2019年4月8日

例文2

工程协调会纪要

时间：××××年×月×日

地点：×××××××

出席人：×××、×××、×××、×××

列席人：×××、×××、×××

主持人：×××

记录人：×××

会议确定如下事项：

一、由××市政工程处总承包，工期150天，争取7月底完成。

二、原则上同意施工方案，先铺设调压站及西侧管线，然后再铺设东北侧管线。施工单位要文明施工，保证工程质量。

三、施工过程中需要迁改的管线必须先建后拆，不能因施工而影响各种市政设施的正常运行，尽可能少拆改管线。

四、××开发公司负责的热力工程抓紧准备，4月底出图，尽快施工，确保今年供暖。

五、施工中具体事宜请××建委和××联办协调解决。

市建设委员会
××××年×月×日

【知识点睛】

一、会议纪要的概念和特点

1. 会议纪要的概念

会议纪要是根据会议的主导思想和会议记录，对会议的重要内容、决定事项进行整理综合、摘要、提高而形成的一种具有纪实性、指导性的公文。它是用于记载、传达会议情况和议定事项的公文。会议纪要对企事业单位、机关团体都适用。

2. 会议纪要的特点

（1）纪实性。会议纪要必须是会议宗旨、基本精神和所议定事项的概要纪实，不能随意增减和更改内容，任何不真实的材料都不得写进会议纪要。

（2）概括性。会议纪要必须精其髓，概其要，以极为简洁精练的文字高度概括会议的内容和结论，既要反映与会者的一致意见，又要兼顾个别同志有价值的看法，而不是叙述会议的过程，记流水账。

（3）条理性。会议纪要要对会议精神和议定事项分类别、分层次予以归纳、概括，使之眉目清晰、条理清楚。

（4）称谓的特殊性。会议纪要一般采用第三人称写法，由于会议纪要反映的是与会人员的集体意志和意向，常以"会议"作为表述主体，"会议认为""会议指出""会议决定""会议要求""会议号召"等就是称谓特殊性的表现。

二、会议纪要的种类

1. 决议型会议纪要

决议型会议纪要为传达会议的决策事项而制发，适用于决议性会议，如《北京市总工会第十届委员会主席办公会议纪要》。

2. 协调型会议纪要

协调型会议纪要是关于双边或多边会议内容及其达成协议的纪要，为会后执行公务和履行职责而制发，适用于协调会、联席办公会，如《××煤气调压站工程协调会纪要》。

3. 研讨型会议纪要

研讨型会议纪要是记述各方主要观点、意见的会议纪要，适用于经验交流会、专业性会议或学术性会议，如《全国部分重点大学技术专题研讨会纪要》。

三、会议纪要的格式与写法

1. 会议纪要的格式

（1）标题。标题有以下三种形式：

①由会议名称和文种组成，如"全国财贸工会工作会议纪要"。

②把会议的主要内容在标题里揭示出来，类似文件标题式的，如"关于加强纪检工作座谈会纪要"。

③正副标题。正标题是对会议主旨的概括，副标题由会议名称和文种组成，如"抓住机遇扩大开放——黑河市对外开放研讨会纪要"。

（2）正文。正文由开头、主体和结尾三部分组成。

①开头。介绍会议召开的基本情况：会议名称、时间、地点、与会人员、主持人、会议议程、会议主题。

②主体。会议的成果及议定的事项，应逐项列出。

③结尾。标注出席人员名单。在正文或附件说明下空一行左空两字编排。

（3）落款。署名与日期。署名只用于办公室会议纪要，署上召开会议的领导机关的全称，下面写上成文的年、月、日期，加盖公章；一般会议纪要不署名，只写成文时间，加盖公章。

2. 会议纪要的写法

根据会议性质、规模、议题的等不同，会议纪要大致可以有以下几种写法：

（1）集中概述法。这种写法是把会议的基本情况、讨论研究的主要问题、与会人员的认识、议定的有关事项（包括解决问题的措施、办法和要求等），用概括叙述的方法，进行整体的阐述和说明。这种写法多用于召开小型会议，而且讨论的问题比较集中单一，意见比较统一，容易贯彻操作，篇幅相对短小。如果会议的议题较多，可分条列述。

（2）分项叙述法。召开大中型会议或议题较多的会议，一般要采取分项叙述的办法，即把会议的主要内容分成几个大的方面，然后标上标号或小标题，分项来写。这种写法侧重于横向分析阐述，内容相对全面，问题也说得比较细，常常包括对目的、意义、现状的分析，以及目标、任务、政策措施等的阐述。这种纪要一般用于需要基层全面领会、深入贯彻的会议。

（3）发言提要法。这种写法是把会上具有典型性、代表性的发言加以整理，提炼出要点和精神实质，然后按照发言顺序或不同内容，分别加以阐述说明。这种写法能比较如实地反映与会人员的意见。某些根据上级机关布置，需要了解与会人员不同意见的会议纪要，可采用这种写法。

■ 知识链接

会议记录与会议纪要的区别

第一，性质不同。会议记录是会议讨论发言的实录，属事务文书；会议纪要只记要点，是法定行政公文。

第二，功能不同。会议记录一般不公开，无须传达或传阅，只作为资料存档；

会议纪要通常要在一定范围内传达或传阅，要求贯彻执行。

第三，载体样式不同。会议纪要作为一种法定公文，其载体为文件，享有法定效力；会议记录的载体是会议记录簿。

第四，适用对象不同。作为公文的会议纪要，具有传达告知的功能，因而有明确的读者对象和适用范围；作为历史资料的会议记录，不允许公开发布，只是有条件地供需要查阅的人员查阅使用。

【案例展示】

王秘书拟写的会议纪要如下：

物理学会第三届学术交流会会议纪要

经市科学技术委员会批准，由××科技大学、××电讯工程学院组织筹办的物理学会第三届学术交流会，于 2017 年 8 月 15 日在××市召开。

参加会议的有本市的大专院校、科研所、厂矿企业等 58 个单位，86 名代表。

会上，物理学会秘书长周×同志传达了中国物理学会第二次会议精神及省、市有关文件。物理学会会长李×同志总结了 3 年来学会的各项工作并提出了今后的工作打算。市科委主任张×同志发表了重要讲话，他希望各位代表回到原单位后，努力工作，提高工作效率，为社会主义现代化建设做出更大的贡献。

会议邀请××大学物理系刘×教授作了《非晶态结构的 X 射线衍射测定》的专题报告；中国科学院张×助理研究员作了《晶体结构测定方法及其进展和 EZAFS 原理及其进展》的专题报告。××仪表厂、××仪表元件厂的代表分别就单色四聚焦照相机的原理和结构特点进行了介绍，受到代表们的欢迎和好评。

会议收到论文资料 40 多篇，内容丰富，涉及面广，针对性强。既有基础理论、基本方法和实验技术的研究，又有结合我省自然资源的地理、采矿、冶金、建材、化工、电子和国防等重大科研课题的探讨，如电子元器件生产过程的检测、煤石的应用等。其中 25 位代表在会上宣读了论文，其余的论文进行了书面交流。会议认为，这些论文是宝贵的科学性的经验总结，对今后的工作定会起到积极的指导和推动作用。

会议决定：

1. 2018 年下半年举办一次"荧光分析"专题讨论会，由××医学院、××地质矿产研究所负责筹办。

2. 2019 年举办一次"计算机在 X 射线分析中的应用"讲习班，由××电子计算机科研所、科学院××化学研究所负责筹办。

3. 2020年在××市举行第四届学术交流会,由科学院物理所、××大学负责筹办。

为了迎接第四届学术交流会的召开,会议要求各单位抓紧时间积极开展工作,写出高质量的学术论文参加全国学术年会。

会议经过与会代表的共同努力,收到了预期效果,取得了圆满的成功。

物理学会
××××年×月×日

【能力训练】

请阅读下文,分析其存在的问题,并加以修改。

××学会会议纪要

时间:××××年××月××日

参加人员:常务副会长×××,副会长×××、×××、×××,办公室主任×××,副主任×××,活动中心主任×××

会议内容:

一、确定了学会的办公地点。根据××××年××月××日会议决定,×××、×××同志对学会办公地点进行了考察,经过比较,认为××大学办公条件优越,适合作学会的办公地点。会议决定,从即日起××学会迁到××大学,挂牌办公。通信地址:××市××区××路××号。联系电话:××××××。

二、学会与××大学商定,由××大学给学会提供办公室、办公桌椅、电话和必要的办公费用。利用××大学的教学条件,双方共同组织举办秘书培训班等。

三、增补了学会副会长。为便于开展工作,建议增补×××为学会副会长,负责学会的后勤保障和日常管理,先开展工作,以后提请××常务理事会确认。

四、制订了今年的活动计划。(略)

××学会
××××年××月××日

第四章 传播文书

传播文书,是指为配合一定时期的工作或活动,通过报道事实和发布信息,对公众进行宣传、教育、鼓动、引导的文书。传播文书既是报纸、广播、电视等大众传播媒介最常用的一种文体,也是一种重要的宣传、解说、劝导、说服的工具。它能够迅速及时地报道社会生活中新近发生的有意义的事情,具有真实、精练、鲜活等特点。本章主要介绍消息、通讯、简报、电子邮件、网传文体的写法。

第一节 消 息

【学习目标】

1. 了解消息的特点与分类。
2. 掌握消息的结构、写法与写作要求。
3. 学会根据不同内容与需求,写作简单的消息。
4. 借助新闻事件感受祖国的发展,提升民族自豪感。

【案例导入】

技师学院一年一度的秋季运动会就要开始了,语文老师给张伟布置了一项任务,让他认真观看本届运动会的开幕式,并写一则消息进行报道。

【范例感知】

例文1

白俄罗斯官员说"一带一路"是重要交流渠道

据新华社明斯克4月29日电 （记者魏忠杰、李佳） 白俄罗斯国民会议代表院（议会下院）主席安德烈琴科29日在明斯克表示,"一带一路"并非单纯的贸易线路,还是新思想、知识和技术的重要交流渠道。

《人民日报》（2019年5月1日）

例文2

珠海万人齐唱祝福祖国

据新华社广州9月30日电 （记者杨淑馨） 伴随着悠扬的旋律,万人齐声高唱。9月30日上午,珠海市庆祝中华人民共和国成立70周年大型群众文艺嘉年华在珠海海韵城中心广场举行,来自社会各界的1万余人以激昂的歌声拉开了嘉年华的序幕。据了解,此次嘉年华活动除了有60余位专业歌手倾情献唱外,还有暨南大学港澳学生代表、澳门劳工子弟学校学生代表和珠海新疆班、西藏班、怒江班的学生代表参加。

《人民日报》（2019年10月1日）

例文3

2018年中国电影票房首破600亿元
银幕总数达60079块,稳居世界首位

本报北京12月31日电 （记者刘阳） 国家新闻出版广电总局2018年12月31日晚发布的数据显示:2018年,中国电影保持多年来的增长态势,全年共生产故事影片902部,全国票房首破600亿元,达到609亿元,较去年同期增长9.06%,实现票房新高。国产影片票房378.97亿元,市场占比62.15%。城市院线观影总人次17.16亿。新增银幕9303块,全国银幕总数达到60079块,稳居世界首位。

2018年,国产影片质量不断提升,得到了观众和市场的进一步认可。全年电影票房前4名均为国产影片。票房之外,这些影片也赢得了观众的好口碑。《红海行动》树立了军事大片的新标杆,《唐人街探案2》在"悬疑+喜剧"的新道路上再进一步,《我不是药神》在现实题材开拓上取得了突破。由中国电影艺术研究中心联合艺恩咨询开展的"中国电影观众满意度调查"显示,观众对2018年国产电影的满意度总体处在满意区间,春节档满意度得分为历次春节档调查的最高分。

《人民日报》（2019年1月1日）

【知识点睛】

一、消息概述

消息是对新近发生的有新闻价值和社会意义的事实作迅速及时、简明扼要的报道的一种新闻体裁。消息通常又叫新闻。新闻的概念有广义、狭义之分：广义的新闻包括消息、通讯、特写等诸种新闻体裁，狭义的新闻专指消息。

1. 消息的特点

（1）报道的及时性。作为新闻体裁中最常见的形式，消息就像"千里眼、顺风耳"，迅速敏锐地发现新闻事实的传播价值，及时准确地报道新闻事件，第一时间向社会大众传递最新资讯。反之，如果消息报道速度迟缓，就会降低消息的价值，"新闻"也就变成了"旧闻"。

（2）事实的真实性。真实是消息的生命，事实是消息的本源，也是它令人信服的基础。消息就是要在保证事实本身真实性的基础上，反映事物的本来面目，对所写的人物、时间、地点及事情发生、发展的经过作如实报道，不虚构，不夸大，每个事实，包括细节在内，都要准确无误。

（3）内容的简明性。消息的基本要求是短、平、快，以最少量的文字符号传达最多的信息，文约意丰，突出最有新闻价值的事实，因而消息简明扼要，篇幅短小。这是消息区别于其他文体的主要标志。

2. 消息的类型

按写作特点划分，可分为动态消息、综合消息、述评消息、人物消息等。

（1）动态消息。动态消息是消息中最重要的、运用最多的一种，经常用来报道正在发生或新近发生的国内外重大或一般性的事件和活动。

（2）综合消息。就是把发生在不同地区或部门的具有类似性质的新闻事件综合起来进行报道。综合消息不是一事一地式的报道，它是综合反映全局性的情况、动向、成就和问题的报道，报道面广，声势较大，能给人较为完整的印象。

（3）述评消息。述评消息是介于消息和新闻评论之间的一种新闻文体，是一种边述边评、评议结合的消息报道。

（4）人物消息。人物消息就是以人物为主的消息。它能迅速地反映新闻人物的某种行为或某个侧面。

3. 消息的结构与写法

消息一般由标题、导语、主体、结尾构成，有些消息还要介绍新闻背景。

（1）标题。标题是消息的眼睛，要求以非常简明的语言标出报道的主要内容，揭示新闻事实的实质，点明新闻事实的意义。

消息的标题有单一结构和复合结构两种。复合结构的标题由主题、引题、副题三部分组成。新闻的主题也称正题，是标题的核心和主体；引题又名肩题、眉题，置于主题之前，对主题的相关背景、原因作简单的交代，还可以烘托气氛，揭示意义；副题也叫子题或次题，位于主题之后，是用来解释、补充、限制和说明主题的。

常见的消息标题形式有以下三种：

单行标题。如：

习近平会见中国女排代表

和病毒赛跑的疾控卫士

两行标题。如：

"岂曰无衣，与子同袍"（引题）
4.2万套医用防护服运抵湖北武汉（主题）

"学习强国"学习平台上线仪式在京举行（主题）
王沪宁出席仪式并宣布平台启动（副题）

多行标题。如：

从"地是荒的,羊是瘦的,人是穷的"到"沙地绿了,黄牛肥了,人奔富裕"（引题）
科尔沁变了模样（主题）
在习近平新时代中国特色社会主义思想指引下——新时代新作为新篇章（副题）

百城百县百企调研行（引题）
从"深圳速度"到"中国高度"（主题）
深圳经济特区创新发展纪实（副题）

消息标题的写作要求：准确、鲜明、凝练、生动。

（2）导语。导语是消息所特有的，位于文章的开头部分。它是以简洁的语句，突出最主要、最新鲜的事实，揭示新闻主旨。导语在消息中处于十分重要的地位，发挥着独特的作用，一方面要千方百计把重要的新闻事实及其意义表现出来，另一方面则要想方设法吸引、启发读者来阅读全文。

导语的发展经过了"第一代导语"（即新闻五要素或六要素俱全的导语形式）到"第二代导语"（只侧重交代部分新闻要素）和现在的自由式导语，其表现形式日益多样化，较为常见的有以下两种形式：

第一，直接性导语。就是直接叙述新闻事实，它往往开门见山，突出表现最新鲜、最重要的事实或最有个性、最具新闻价值的内容，适用于时效性较强的事件性新闻。直接性导语又分为叙述式导语和评述式导语两种。

叙述式导语，即直截了当地用事实说话，摘要或概括新闻中最重要的新鲜事实。如：

本报北京10月1日电 岁月如歌，唱不尽中华儿女豪情万丈；难忘今宵，共祝愿伟大祖国前程似锦。10月1日晚，庆祝中华人民共和国成立70周年联欢活动在北京天安门广场盛大举行。党和国家领导人习近平、李克强、栗战书、汪洋、王沪宁、赵乐际、韩正、王岐山登上天安门城楼，同各族各界群众一起欢度国庆之夜。

评述式导语，着重对新闻事实分析、解释或评论，夹叙夹议，说明其价值和意义。如：

"中国为世界经济点亮明灯"，第二届中国国际进口博览会吸引了全世界的目光。此次参加的国别、地区、国际组织和参展商均超过首届，世界500强和行业龙头企业参展数量超过250家，国内外采购商和专业观众有望超过50万人，境外采购商由去年的3600人左右增至7000多人……规模更大、范围更广、热度更高，这一国际性盛会不仅展示出中国扩大开放的坚定决心，更从一个侧面生动说明了中国经济发展的巨大实力和旺盛活力。

第二，间接性导语。也称延缓性导语，它不直接叙述新闻事实，而是通过描绘场面、渲染气氛、介绍背景、引用典故等方法，先作铺垫，然后再说出新闻事实。这样写的目的是增强阅读的趣味性，曲径通幽，引人入胜，适用于时效性要求较为不强的非事件性新闻。又可以具体划分为描写式导语、引用式导语、对比式导语、设问式导语等。

描写式导语，一般由记者根据目击情形，生动形象地再现事实或现场场景，写作时常采用具体描写与一般概括相结合的手法。如：

他们默默无闻，风雨无阻，日夜在武汉大街小巷穿行。他们为居家群众运送基本生活用品和防护物资，为医护人员送去急需的医疗物资。他们，是这座城市的快递员，是骑行的勇者。

引用式导语，引述新闻人物富有特色、情趣的语言或成语、典故、诗词、民谣、名人名言等，借以点明主题或衬托新闻事实。如：

"中国的昨天已经写在人类的史册上，中国的今天正在亿万人民手中创造，中国的明天必将更加美好。"10月1日，庆祝中华人民共和国成立70周年大会的盛况让广大知识分子、青年学生深感骄傲，习近平总书记的重要讲话令大家无比振奋。大家坚信，历史照亮未来，征程未有穷期，千千万万努力奋斗的力量汇聚在一起，必将书写更新更美的时代篇章。

对比式导语，常用今昔、新旧、正反、得失等两方面事实情况对比，显现新闻事实的个性特征及其意义。如：

本报北京5月19日电 国家统计局近日对外发布的《2018年农民工监测调查

报告》显示：2018年，我国农民工总量为2.8836亿人，农民工月均收入3721元，比上年增长6.8%，增速比上年提高0.4个百分点。农民工月均收入保持了稳定增长。

设问式导语，即把报道中已经解决的问题、取得的经验、确定的思想内容，先用设问句式提出，然后用事实加以回答，引人注目，发人深思。如：

高血压、糖尿病患者忌食甜食。蔗糖食用过多，也会引起肥胖症等烦恼。什么样的糖料最适宜呢？崇明岛现在生产一种新型天然糖料，是比较理想的食糖，它叫甜叶菊糖，像味精一般，少许一点即可。

导语一般要告诉读者什么时间、什么地点、什么人、干什么、结果怎样。

（3）主体。消息的主体与其他文体不同，一般文章的开头和导语都不涉及核心内容，而消息导语已经将最重要的事实表达了出来，但这并不意味着消息的主体不重要。消息主体的作用：一是展开新闻内容，阐述新闻主题；二是叙述基本新闻事实；三是回答导语提出的问题。这一部分在写作中要紧扣导语，用事实说话，按客观事实本身的逻辑性来展开新闻，通过对事实精心的取舍、剪裁、安排，对背景材料的选择和运用，巧妙地寓观点或倾向性于客观报道之中。

（4）结尾。结尾是根据新闻内容，为深化新闻主题、强化新闻价值或扩大消息的信息容量而精心设计的消息收结部分。结尾的写作应与开头呼应，紧扣事实增添信息，同时力求新颖别致、自然收束、精粹有力。

（5）背景。交代新闻背景有时是消息写作中不可忽视的一个环节。新闻背景指新闻事实出现的缘由、环境和主客观条件，或是补充、反衬、烘托新闻事实和主题的材料。新闻背景通过说明新闻事实发生的来龙去脉、前因后果，显现新闻价值，便于读者更好地理解文章。

就内容而言，新闻背景有历史性背景、地理性背景、事物性背景、知识性背景，以及人物背景等；在表现形态上，新闻背景材料可以是文献资料、统计数据、史籍典故或诗歌民谚等。背景材料在消息中没有固定的位置，要根据情况巧妙穿插、灵活运用，一般放在导语之后、主体之前，或者分散嵌入主体中，也可单独置于结尾。值得注意的是，背景材料的运用要少而精，不能淹没新闻。

二、消息的结构形式

1. 倒金字塔结构

亦称倒三角结构，是一种头重脚轻、虎头蛇尾式的结构。它要求把最重要的新闻事实放在最前面，最不重要的放在篇末，然后以事实的重要性或受众关心程度依次递减为顺序，按照"重要—次重要—次要"这样的顺序依次写下来，由大到小，由重到轻。这类结构适用于事件性新闻。

2. 金字塔结构

又称编年体结构,是按事件发展的先后顺序或事物的内在联系、问题的逻辑关系来报道事实的结构形态。这种结构叙事条理清晰,现场感强,但缺点是开头平淡,难以一下子吸引受众,消息的精华也可能淹没在长篇的叙述之中。此结构适合写那些故事性强、以情节取胜的新闻,尤其适合写现场目击记或综合消息。

3. 倒金字塔和金字塔相结合的结构

导语部分仍用倒金字塔结构,突出主要事实,强调新闻效果;导语之下则用金字塔结构,按照事件发生发展的顺序来展开,使受众对事件有具体、完整的感受。

4. 散文式结构

就是吸收和借鉴散文的谋篇布局,材料和层次安排自由、灵活,不讲究表面的上接下联,语言表达不拘一格,这是增强消息可读性的一种创新样式。

三、消息的写作要求

1. 主题要鲜明

新闻的主题要鲜明,不能模棱两可。一条新闻通常报道一件事,说明一个问题。

2. 内容要真实

新闻报道的内容一定要真实,要用事实说话。真实是新闻的生命。

3. 写作要迅速

新闻是新近发生的事实。要想"新",最主要就是写作要快,传播要快。新闻讲究时效性,快速写作新闻就能在竞争中掌握主动权。

4. 语言要简明通俗

新闻要给大众看,必须通俗易懂,便于大众接受。大众的期望就是花较少的时间了解较多的客观世界发生的各种新的变动。

5. 表达要创新

匠心独运、打破常规写法的新闻,会使观众耳目一新,激起观众的阅读欲望,产生出人意料的效果。

【案例展示】

张伟同学拟写的报道消息如下:

> **奥运精神放异彩　技师健儿展风姿**
> ——我校第 33 届田径运动会隆重开幕
>
> 10 月 17 日上午,××技师学院第 33 届田径运动会隆重开幕,我校全体师生共同参加了这场体育盛会。开幕式由××主持。

在激昂的运动员进行曲中，开幕式正式拉开帷幕。气宇轩昂的国旗护卫队员、手持着五彩花束和气球的队员首先入场后，运动员踏着时代的节拍，迈着青春的步伐，队列整齐、步伐矫健地依次入场，充分展现了技师学子积极向上、拼搏奋进的风采。

在庄严的升旗仪式后，××院长致开幕辞。他指出，一年一度的运动会不仅是对学校体育运动水平和体育运动成绩的一次大展示，更是对学校师生精神面貌和学生综合素质的大检阅！近年来，学校始终坚持素质教育理念，在不断加强管理、提高教育教学质量的同时，积极发挥学生社团、工会活动等平台作用，引导师生们充分利用课余时间强身健体，培养健康的生活习惯。他强调，与往昔相比，本届运动会有三大亮点：一是我校第一支国旗护卫队首次亮相，二是首次设立颁奖台，三是教职工比赛项目集中进行。

运动员和裁判员代表宣誓后，××宣布：江苏省××技师学院第33届田径运动会开幕！

礼炮鸣响后，整齐有序、矫健有力的广播操比赛，朝气蓬勃、创意十足的团体操表演，充满了同学们青春勃发的生机和活力，点燃了赛场的热情。在为期两天的比赛中，全校师生将在跑步、铅球、跳高、跳远等项目上展开角逐，各显其能。

【能力训练】

1. 2020年春季学期，全国开展了"停课不停学"的线上教学工作，同学们通过网络在家上课，请你据此拟出新闻标题，要求用单行标题、双行标题、多行标题各拟一例。

2. 请根据以下材料写一则消息，要求：（1）准确概括事实；（2）主题集中，角度得当；（3）标题醒目，符合规范；（4）导语特点鲜明；（5）语句简洁，语言流畅；（6）字数为300—700字。

2018年10月23日，世界上最长的跨海大桥——港珠澳大桥开通仪式在广东省珠海市举行，习近平出席仪式。10月24日上午9时开通运营。请你查找相关材料，写一则简短的消息报道港珠澳大桥的开通。

第二节 通讯

【学习目标】

1. 了解通讯的特点与分类。
2. 掌握通讯的结构、写法与写作要求。
3. 学会写作简单的通讯。
4. 借助实事案例弘扬时代正能量。

【案例导入】

抗击新冠肺炎的过程中涌现出大批英雄人物，很多人将自己的健康甚至生命安全置之度外。江苏省徐州市公安局交警支队三堡公安检查站一中队指导员司元羽在防疫检查一线连续奋战 16 天后，突发心源性心脏病，经抢救无效去世，时年 47 岁。请你搜集相关资料，写一篇司元羽的人物通讯。

【范例感知】

例文 1

习近平参观庆祝改革开放 40 周年大型展览

习近平在参观"伟大的变革——庆祝改革开放 40 周年大型展览"时强调，统一思想，凝聚共识，鼓舞斗志，团结奋斗，坚定全国各族人民跟党走中国特色社会主义道路、改革开放道路的信心和决心。栗战书、汪洋、王沪宁、赵乐际、韩正、王岐山参观展览。

新华社北京 11 月 13 日电　在庆祝改革开放 40 周年之际，中共中央总书记、国家主席、中央军委主席习近平 13 日前往国家博物馆，参观"伟大的变革——庆祝改革开放 40 周年大型展览"。他强调，改革开放 40 年来，在中国共产党的坚强领导下，中国人民艰苦奋斗、顽强拼搏，用双手书写了国家和民族发展的壮丽史诗，中华大地发生了感天动地的伟大变革。党的十九大描绘了中国发展的宏伟蓝图，只要我们坚持以新时代中国特色社会主义思想为指导，全面贯彻落实党中央决策部署，坚定不移全面深化改革、扩大对外开放，中国特色社会主义一定会迎来更加美好的明天。要通过展览，教育引导广大干部群众更加深刻地认识到中国共产党、中国人民和中国特色社会主义的伟大力量，更加深刻地认识到我们党的理论是正确的、党中央确定的改革开放路线方针是正确的、改革开放的一系列战略部署是正确的，更加深刻地认识到改革开放和社会主义现代化建设的光明前景，统一思想、凝聚共识、鼓舞斗志、团结奋斗，坚定跟党走中国特色社会主义道路、改革开放道路的信心和决心。

下午4时许，习近平等领导同志来到国家博物馆，走进展厅参观展览。展览以坚持和发展中国特色社会主义为主题，紧扣改革开放40年历程，紧扣改革开放的历史纵深感、群众获得感、发展成就感，安排设计了6个主题内容展区，多角度、全景式集中展示改革开放光辉历程、伟大成就、宝贵经验，展示党的十八大以来以习近平同志为核心的党中央高举改革开放旗帜、推进全面深化改革、扩大对外开放的战略决策部署，展现党中央将改革开放进行到底的政治魄力和坚定决心。

党的十一届三中全会等反映党中央推进改革开放重大时间节点、重大历史事件、重大决策部署的历史照片，拉开中国农村改革大幕的安徽小岗村18位农民按下包产到户"红手印"的雕塑，长征系列运载火箭、天宫号空间站等模型，体现40年来经济建设、政治建设、文化建设、社会建设、生态文明建设历史性成就与变革的实物和资料，呈现全面推进国防和军队现代化、推动全方位对外开放、加强和改进党的建设等图片……逼真的实物模型、翔实的图片图表、丰富的视频资料，吸引了习近平等领导同志的目光，他们不时停下脚步仔细观看，听取工作人员讲解，并询问有关情况。

在京中共中央政治局委员、中央书记处书记，全国人大常委会副委员长，国务委员，最高人民法院院长，最高人民检察院检察长，全国政协副主席以及中央军委委员等参观了展览。

例文2

江苏徐州：恢复绿水青山 换来金山银山

人民网徐州11月11日电（翟玉标） 11月8日至9日，"美丽中国·网络媒体生态文明行"采访来到了江苏徐州。无论是邳州银杏湖风景区打造出的"一棵树的风景"，还是徐州贾汪区从一城煤灰半城土到一城青山半城湖的转变，徐州用实际行动诠释了"只有恢复绿水青山，才能使绿水青山变成金山银山"。

做美"一棵树" 邳州银杏结出"累累硕果"

银杏时光隧道、银杏湖风景区……提起邳州，便不得不说说银杏。近年来，邳州做美"一棵树"的风景，按照打造全域旅游规划，着力提升时光隧道旅游品质，大力实施"银杏旅游+"，推动产业壮大富民增收。

姚庄村位于邳州铁富镇镇区东侧，是著名的时光隧道景区所在地。当地从上世纪80年代中期产业结构调整开始广泛种植银杏树，到90年代中期联合企业推进银杏精深加工，银杏逐渐成为这座村庄的代表。

近年来姚庄村银杏生态旅游蓬勃兴起，实现了把生态优势转化为发展优势、富民优势，打通了绿水青山转化为金山银山的通道，2018年人均纯收入31280元，先后被评为中国最美银杏村落、江苏省特色田园乡村、江苏省生态文明示范村。尤其是银杏时光隧道迎来了越来越多的远方游客，让姚庄人真切感受到银杏风景的效益，体会种出风景、种出生态、种出产业、种出富民的深刻内涵。

采煤塌陷区蝶变湿地公园　　贾汪真的"旺"了起来

2016年，潘安湖湿地成为国家生态旅游示范区；2018年，徐州荣获"联合国人居奖"。

近两年，徐州这座昔日著名的老工业城市，大改往日灰头土脸形象，向着绿色生态转变。贾汪区潘安湖湿地更是把采煤伤疤"治"成了国家生态旅游示范区，用实际行动践行了什么是只有恢复绿水青山，才能使绿水青山变成金山银山。

潘安湖处本无湖，昔日的潘安湖所在地，原来是权台矿和旗山矿的采煤塌陷区域，荒山秃岭随处可见，地表坑洼破败，居民灰头土脸，"黑、脏、乱"是它的真实面孔；"雨天一身泥，晴天一身灰"是当时周边居民的真实生活写照。

2010年，贾汪区正式对潘安湖采煤塌陷区实施改造，通过"挖深填浅、分层剥离、交错回填"为核心的土壤重构技术，对采煤塌陷破坏的土壤进行重构，恢复土地生态调节功能。

经过几年的努力，目前贾汪已经完成潘安湖两期改造工程。潘安湖湿地公园以湿地景观游览观光为主，鸟岛湿地保育及生态观光区岛屿面积约2000亩，可容纳近千人观鸟游览，是潘安湖生态经济区景观亮点。而二期南湖公园更突出公园的游乐功能，在煤矿塌陷地形成的大面积水域基础上，打造集游览观光、生态宜居、旅游度假、乡村民俗体验等为主的最美乡村湿地景观。

昔日这个让居民苦不堪言的采煤塌陷区，已经蝶变成了如今湖阔景美的湿地公园。而贾汪区，也真的"旺"了起来。

例文3

梅西斩获劳伦斯年度最佳男运动员，他是首位获该奖的足球球员

2020年劳伦斯世界体育奖各项大奖18日凌晨在德国柏林揭晓。效力于巴萨的阿根廷球星梅西和F1赛车手汉密尔顿共同当选年度最佳男运动员奖。

而更具历史意义的是——梅西是历史上首位获得该奖的足球运动员。

在得知获奖后，因故未能抵达现场领奖的梅西录制了一段视频表达自己的感谢：

> "大家晚上好，首先我要为没能来到现场道歉，我真的非常希望来到这里，但是我实在没办法来，所以我录制了这段视频。
>
> 我感谢劳伦斯世界体育学会对我的认可，这是一项非常重要、非常特别的奖项，我很荣幸成为第一位获得该奖项的参加团体型项目的运动员，一般来说获得这个奖的都是参加个人运动的运动员。非常感谢。
>
> 获得这个奖项让我非常高兴，我要感谢我的队，还有我的家人、粉丝，因为有了他们，我才有机会获得这样的认可。因此，我要真诚地向你们送上祝福，希望你们今晚能够享受这个颁奖典礼，希望未来能够和你们见面。"
>
> 在其他奖项层面，美国体操名将拜尔斯再度斩获最佳女运动员奖，这也是她四年内第三次拿下最佳女运动员。
>
> 而已经退役的德国篮球旗帜人物、达拉斯独行侠传奇诺维茨基则获得终身成就奖。

【知识点睛】

通讯是一种比较详细、生动、形象地报道新闻事实的新闻体裁。通讯的题材丰富、风格多样，它可以运用叙述、描写、议论和抒情等多种表现手法报道新闻事件和典型人物，是一种富有生命力、表现力和感染力的新闻体裁，是我国特有的一种新闻体裁，被誉为我国新闻的"轻骑兵"。通讯常用来评价人物、事件，推广工作经验，介绍地方风貌等。

一、通讯的特点

1. 典型性

通讯常用来报道典型人物、典型事件、典型经验等，对其所报道的人和事，必须进行严格的筛选，只有具有一定代表性和典型意义的才能报道，而且即使确定了材料，也要以全面、发展的观点，实事求是地去写，以加强对所报道的典型人物和事件的宣传。

2. 形象性

这是通讯区别于消息的重要标志。消息主要报道事件概况，通讯则要求通过具体的人物和事件来反映现实生活，不仅要报之以事，晓之以理，还要动之以情，因而报道更细腻、更形象、更生动，通讯的语言也更富有文学色彩，具有较强的感人力量。

3. 灵活性

通讯的写作方法和组织结构灵活多样，可综合运用叙述、描写、议论和抒情等多种表现手法，在结构安排上自由奔放，不拘泥于消息经常采用的倒金字塔结构，因此往往能有声有色地反映人物和事件，给受众留下难忘的印象。

二、通讯的类型

1. 人物通讯

人物通讯是以写人为中心的通讯,通过对人物行动、语言、事迹的报道,再现其精神境界,从而达到教育启迪的作用。

2. 事件通讯

事件通讯主要报道现实生活中典型的、有普遍意义的新闻事件。重在记述和再现新闻事件发生、发展的相对完整的过程,显示事件的内在逻辑和社会意义。

3. 工作通讯

工作通讯是以工作的进展情况、经验收获、存在问题等为报道对象的一种通讯,通过记叙和分析实际工作的经验或问题,从而概括出具有规律性的经验体会,用以指导实际工作。

4. 风貌通讯

风貌通讯也称"概貌通讯",是反映一个地区、一条战线、一个单位的概况和发展变化新风貌的通讯。它以采访者旅行见闻的视角反映社会变化和风土人情,有见闻、巡礼、纪行、掠影、散记、侧记等形式。

三、通讯的结构与写法

1. 标题

通讯的标题是通讯主题的反映,可以是实题,也可以是虚题,或虚实结合,采用复合结构,但都必须显示通讯的内蕴,让读者理解主题。常见的通讯标题有以下几种形式。

(1)概述式。以简洁的语言概括通讯的主要内容,如"神圣的时刻——中英防务事务交接仪式"。

(2)拟人式。用拟人修辞手法描述事物或事件,使读者有亲近感,如"移民直航专船'刹了一脚'"。

(3)引语式。引用群众中流行的口语或诗句典故,彰显主题意义,如"相见恨晚"。

(4)提问式。提出社会重大问题或为人民群众所关心的问题,以引起人们的注意,如"深圳特区还能'特'下去吗?"。

(5)祈使式。用祈使句式唤起读者的关注,缩短与读者的距离,如"让农民当好'主角'"。

2. 开头

通讯的开头有别于消息的导语,形式灵活多样,要求能够吸引受众注意力,引导受众阅读情绪并开启思路。成功的通讯或者以动人的情节、细节开头,抓住读者;或者引用重要人物的语言开头,统率全文或引起下文;或者用诗歌、民谣、典故开头，增添通讯的文采；还有的用提问式开头，提出问题，引起人们注意。

3. 主体

（1）通讯的常见结构。通讯长于记人、叙事和表现情节，主体部分承担着展开新闻事实或事件的发展变化过程，展示报道对象面貌及个性特征的任务。因内容多、篇幅长，主体的谋篇布局往往较为复杂。另外，由于通讯没有类似消息结构的常用规范，所以通讯结构的表现形式呈现出多样、自由的态势。通讯主体较常见的结构形式有层进式、并列式和实录式。

①层进式结构。这是一种纵式结构，它所显示的是新闻事实的纵剖面，通常按事物发生、发展的过程，采用顺叙或倒叙、插叙的方法写作，层次分明，脉络清楚，过渡起伏自然。常见于事件或人物较为集中单一的通讯。

②并列式结构。即横式结构，按事物各方面之间的逻辑关系，分门别类进行叙述，最后归纳综合，它呈现在读者面前的是新闻事实的横断面。一般用于报道人物较多、事件较杂、时间差大、涉及面广的通讯。

③实录式结构。这种结构常见于专访式通讯报道。它侧重记"言"，针对受众所关心的人或事作专题采访，并以转述采访对象的谈话为主。通常如实记录采访过程，以记者提问、受访者回答的方式展开。

（2）通讯主体的写作。通讯主体的写作因类别不同而各有侧重。

①人物通讯。人物通讯可只集中写一个人，也可写几个人，描写人物的群像。首先要抓住新闻写人物，着力从具体事件中反映人物的精神面貌、思想感情；其次要在环境冲突中写人物，包括人与人之间、人与自然之间、人与人自身内心世界的冲突，展示人物生活的背景，体现时代感；此外还要善于通过人物自己的语言和行为来表现人物鲜明的个性特征，突出典型性。

②事件通讯。既可以反映现实生活中发生的重大的、振奋人心的典型事件和突发事件，也可以从某一新闻事件中截取一个或若干个片段，进行细致详尽的描述；还可以写多件事，只截取每一个事件中有意义的一两个片段，共同表达一个主题。写作中要注意以下几个方面：一是主题应鲜明集中，揭示事件的深刻含义；二是要重点写事，展开事件过程；三是要处理好事件与人物的关系，以事件为中心，以事带人。

③工作通讯。或介绍某一单位的新鲜经验，或反映实际工作中带有倾向性的问题，或探索带有方向性、政策性的东西。写作上要注意以下两个方面：一是要有现实针对性，切合当前工作需要；二是要深入分析、透彻地阐述问题和经验，并上升到一定的理论高度。

④风貌通讯。或侧重于自然风貌，或侧重于社会风貌，更多的是将自然风貌和社会风貌结合在一起，物、人、景、事糅在一起，围绕主题集中各方面的风貌和特色，展现时代的步伐和人物思想境界的变化。常以对比的手法，以旧衬新，反映今昔巨变；还可以采用点面结合的写法，以局部的、典型的变化反映整个时代的

风貌。

4．结尾

通讯结尾或总结全文，深化主题；或抒情议论，引起联想；或展望未来，提出希望；或引用名言、诗歌、典故等，照应主题。总之，结尾与开篇在篇章结构上要有内在的逻辑联系。

通讯的时代感很强，随着社会的发展，出现了许多新的形式，如新闻特稿、新闻速写、新闻专访、新闻游记、新闻小故事等，其写作手法、表现形式也多有变化，呈现出多样化趋势。

◆ 知识链接

通讯与消息的比较

通讯属于广义的新闻范畴，因此与消息一样，也具有新闻的一般特征，两者的不同点主要体现在以下几个方面：

1．从时效上看，消息的时效性更强一些；通讯由于篇幅较长，写作时间较长，时效性相对就稍弱一点。

2．从报道要求上看，消息旨在满足读者"想早知道"的心理需求；通讯旨在满足读者"想多知道"的心理需求。

3．从篇幅上看，消息一般写得比较简洁，篇幅较短；通讯写得比较具体，篇幅较长。

4．从表现手法上看，消息以概述事实为主，兼用议论、说明，很少用描写、抒情；通讯可以根据内容需要较自由、灵活地运用各种表达方式，在不违背真实性的前提下，可以适当借鉴文学作品中的表现手法来描写人物、渲染气氛、深化主题。

5．从结构形式上看，通讯的结构方式比消息的灵活性要大，可根据内容的需要灵活变化。通讯的标题形式比消息少，一般采用两种形式：或者只有一个标题，或者在正标题下再加一个副标题。

【案例展示】

为抗疫英雄司元羽拟写的人物通讯如下：

司元羽："把身后这座城守好"

2020年2月12日，江苏省徐州市公安局交警支队三堡公安检查站一中队指导员司元羽在防疫检查一线连续奋战16天后，突发心源性心脏病，经抢救无效去世，时年47岁。

三堡公安检查站地处G30连霍高速苏皖省界处，平时每日车流量2万辆次。

疫情发生后,这里每日依然车流不息。1月28日,徐州市在这里设置了疫情检查站,并成立了"党员突击队"。当天,司元羽就递交了请战书,上面写着这样几句话:"我叫司元羽,我是共产党员,国家有难,人民有难,我将临危而上,勇践使命!"

从疫情检查站设立到司元羽殉职,前后16天,他只回过一次家,拿些换洗的衣服便又返回工作岗位。疫情检查站刚成立时,一中队7名民警、6名辅警排班轮流执勤,每天分白班、中班和夜班三个班次,每人每天一个班。排班时,司元羽说:"大家都那么辛苦,夜班就不要排了。我反正就一个人,单位和家一个样,这里就是我的家,夜班我来值。"

三堡公安检查站一中队中队长季峰说:"值夜班的时候,一刻都不能闭眼瞌睡,大家担心司元羽的身体吃不消,都不同意他的提议。可他再三坚持,说他壮得像头牛,扛得住。后来,司指导员连值了6个夜班,我们实在不忍心,就不让他再值了,可能那个时候,他的身体已经严重透支了。"季峰回忆说。

民警刘志强经常和司元羽一起搭档执勤。他说,司元羽有一个能装七八百毫升的大杯子,每次执勤的时候都会把水装满,就是为了不用中途离开执勤点回站里加水。

他还记得2月10日那天,司元羽曾感慨:"可惜咱们不能去武汉,咱们能做的,就是把身后这座城守好。"

【能力训练】

2019年是新中国成立70周年,举国上下采用多种方式欢度庆祝,请选取你经历的某一庆典活动写一篇通讯稿。

第三节 简 报

【学习目标】

1. 了解简报的概念与特点。
2. 掌握简报的格式和写法。
3. 学会写作简单的简报。

【案例导入】

××市城市综合管理办公室处理了数字化城管平台的大量各类投诉案卷,为对出现的问题进行整治,准备编发一期综合简报。你知道怎样编发简报吗?

【范例感知】

例文 1

"创国卫"工作简报

第 17 期

××市创卫办宣传组　　　　　　　　　　　2020 年 6 月 1 日

城区交通秩序整治成效显著

　　为改善城区交通秩序,彻底解决车辆乱停乱放问题,使"创国卫"顺利通过国家爱卫办的初验,从 5 月 25 日开始,市交警大队加大城区交通秩序整治力度,共派出 11 名交警、18 名协管员组成 7 个小组,分别在各主要街道引导机动车驾驶人到指定地点规范停车,并就乱停乱放、逆向停车、逆向行驶、酒后驾车、电瓶车违法载人、电瓶车不戴安全头盔、闯红灯、未取得机动车驾驶证驾驶机动车等违法行为进行查处。共查处机动车 2110 辆次,引导停放车 4800 辆,处罚机动车驾驶人 78 人,教育 897 人,暂扣机动车 17 辆。通过整治,城区交通秩序明显好转,车辆乱停乱放现象得到有效遏制。

　　目前,城区交通秩序整治工作主要存在以下三个方面的问题:一是交警的艰难付出得不到部分居民、单位干部职工的理解和支持;二是有关部门的协作、支持工作力度不够,可供停车的区域太小;三是许多居民乱停乱放的习惯难以改变,他们遵守交通秩序的意识淡漠,短期内难以形成良好的交通秩序。

　　城区交通安全系千家万户,良好的交通秩序需要全民参与、遵守、监督,只要广大居民继续理解和支持,随时提醒、监督自己和他人把车停到划定的停车区域,自觉遵守交通秩序,我们的城市定会变得更加美好。

　　报:市爱卫办、市委办

　　发:市直各部委办局,各人民团体、各企事业单位

例文 2

简 报

第 29 期

××市委组织部 ××学院党委组织部　　　　　　2015 年 5 月 28 日

本 期 内 容
××市委组织部和××学院

联合召开校地共建人才"双百工程"第二批挂职人员座谈会

2015 年 5 月 27 日，××市××学院校地共建人才"双百工程"第二批挂职人员座谈会在××学院办公楼第三会议室召开。××学院党委副书记马×、××市委组织部副县级组织员申××出席会议，××学院党委组织部、人事处、教务处、科研处、校地合作办公室等相关职能部门负责人参加会议，××学院派往××市的"双百工程"第二批 20 名挂职人员参与座谈，座谈会由××学院党委组织部部长谭××主持。

座谈会上，挂职人员就挂职以来的工作开展情况，特别是校地校企合作过程中的一些好的经验和做法、取得的初步成效进行了总结和交流，提出了今后的工作思路，并就下一步如何开展好校地共建人才"双百工程"工作提出了意见建议，达到了交流经验、发现和解决问题的目的。

申××在会上说，这种形式的座谈会很好、很有意义，既是对前一阶段挂职工作的一个小结，也是挂职同志们之间的一次相互交流。通过 4 月份的实地调研和今天的座谈情况，可以看到，同志们都能够迅速转变角色，很快融入挂职岗位工作，尽职尽责，尽心尽力，并初步取得了喜人成果。就如何做好下一步工作，他提出三点希望：一是牢记使命、不负重托，要进一步增强责任感、使命感，力争在一年有限的挂职期间，取得丰硕的成果；二是开拓创新、发挥优势，要主动融入地方，多看、多学、多思、多做，在开拓创新上下功夫，充分发挥自身优势，积极搭建校地校企合作桥梁，努力实现多方共赢；三是发扬传统、树好形象，要将"三严三实"要求作为自己的行为准则，继承和发扬第一批挂职人员的优良传统和良好作风，充分展示××学院干部人才队伍的整体素质和形象。

马××副书记在总结讲话中指出，校地共建人才"双百工程"第二批挂职工作开局良好，主要表现在三个方面：一是挂职人员能很快转变角色，用认真严肃的态度进入工作状态；二是挂职时间不长，但在开展学术交流、搭建产学研平台、联合实践教学等方面成效初显；三是下一步工作思路清晰，目标明确。他要求挂职人员继续俯下身段，认真学习，多开展实地调研，全面熟悉和掌握情况；要牢记责任，认真履行各项工作职责，在深度、层次和长效性上下功夫，形成扎实的硬成果；要严格遵守廉政纪律和劳动纪律，充分发挥专业优势和学术优势，踏实干事创业；要善于在工作中总结经验，把好的做法随时形成经验材料，促进交流学习，推动工作开展。马书记还要求××学院各相关职能部门统筹协调，认真组织，搞好服务，宣传部门要加大宣传力度，营造良好的舆论氛围。

会议还对本批挂职工作的中期考核进行了安排部署。

报：××省委组织部，××省委高校工委、××省教育厅
送：××市委、市政府领导，××学院领导
发：××市各县（市、区）、市直有关部门，××学院有关职能部门

（共印 40 份）

【知识点睛】

一、简报的概念

简报就是简明情况的报道。它是机关、团体、企事业单位内部用来反映情况、通报信息、交流经验、推动工作时经常使用的一种文体。

简报简要报道单位内部各方面的情况，方便、快捷。各机关内部编发的"动态""简讯""情况反映""情况交流""内部参考"都属简报。简报不具备公文的法律效力和行政效力，只是通过报道工作中的新情况、新问题、新经验和新成绩，让上级了解下情，有效地指导工作。

二、简报的特点

1. 真实性

简报的一个重要作用就是向决策机关反映情况，提供决策依据，所以内容必须真实可靠，所用事例、数据、情况及涉及的对象、时间、地点和条件都应准确无误，切忌道听途说，文过饰非，弄虚作假。

2. 新颖性

撰写简报的目的是向上级汇报工作，对下级指导工作，向同级单位通报情况和交流信息，使读者从所反映的新情况、新经验和新动态中获得新的认识。因此，要在"新"上下功夫，选择能体现时代特征的报道角度，力求反映新情况、新问题、新经验和新动向。

3. 简明性

简报的篇幅有限，因此要注意内容的简明扼要，抓住事物的本质特征，表达力求干净、利落。简而明，是简报得以存在的根基。字数一般在 2000 字以内，如果内容较多，可以分几期编发（综合性简报除外）。

4. 时效性

简报的写作和编发速度要快,要抓住时机迅速及时地做出报道,如果简报"慢半拍""马后炮",错过时机,就无须再编发了。尤其是会议简报,更应该强调时效性,否则便会失去它应有的作用。

三、简报的类型

简报从内容上分,有业务简报、专题简报、会议简报;从形式上分,有专题简报、综合简报。

1. 业务简报

业务简报是专门反映机关内部和本部门、本系统日常业务工作情况的。

这类简报又分为定期和不定期两种,都是长期性的,如《金融简报》《教改动态》《水文简报》等。

2. 专题简报

专题简报是针对某些工作、某项任务而专办的简报,也叫中心工作简报。这类简报主要反映该项专门工作的动态、问题、经验及典型材料等,具有一定的时间性,专门工作结束后,简报也随之停止,如《"非典"工作简报》《先进性教育活动工作简报》等。

3. 会议简报

会议简报主要用于报道重要会议筹备过程及会议代表发言摘要、会议决议等,如《大学生思想政治工作会议简报》《全国物流工作会议简报》。不是任何一个会议都出简报,只有那些大、中型的重要会议才出简报。会议简报一般由会议秘书处或主办单位编写,是一种临时性简报。

四、简报的内容与结构

1. 简报的内容

简报的内容,主要是围绕本单位学习、讨论和贯彻各个时期党的中心工作,及时反映各级干部、群众的思想动向;也可以是汇报本单位重要工作、重大活动及一些突发性的重大事件。具体来说,简报经常报道的内容有以下几方面:会议消息;上级机关的工作部署和指导意见;领导同志的重要讲话;带有方向性的重要活动;有典型意义的工作经验;广大群众关心的问题;政策、措施的反馈信息;工作中出现的新情况;重大突发性事件;等等。

2. 简报的结构与写法

简报的格式大体可分为报头、报体(文稿)、报尾三部分。

(1)报头部分。报头在简报第一页的正上方,约占全页的五分之二,用间隔线与文稿部分隔开。报头的内容包括简报名称、期数、编发单位、印发时间、密级、编号等项目,其中简报名称多数套红。

(2) 报体（文稿）。这是简报的主要部分。

①标题。标题是简报内容的总提要，要力求确切、简短、醒目。简报的标题自由灵活，可用新闻标题法，也可用文章标题法，还可用公文标题法。会议简报一般不另列标题，如登多份材料，要在前面封面上列出目录。

②正文。简报的正文与新闻报道有许多相似之处，一般由导语、主体、结尾、背景材料组成。

第一，导语。即简报所载文章的开头语，它要求用简洁的语言概括全文的内容，反映主要事实，以便引导读者阅读下文。导语的方式多样，写简报时，可根据内容表述的需要，分别采用叙述式、提问式、结论式、描写式等。

叙述式，即在正文开头部分，先把全文最主要的事情或主要内容，用摘要综合的方法简明扼要地叙述清楚。这种方式可以使读者读了导语就能把握全文概貌或中心内容，形成总体印象。这是目前运用得比较多的一种方式。

提问式，即用设问句的形式作为开头，把简报反映的主要问题提出来，以造成悬念，吸引读者阅读下文。

结论式，这是把对某个问题分析研究后所得出的结论放在简报的开头来写，然后再在主体部分阐述具体事实。

描写式，即用生动形象的语言，把与简报内容有关的特定场景描写出来，使读者有身临其境之感，从而增强简报的吸引力。

第二，主体。主体是简报的主干部分，一般紧承导语，把导语中提出的中心内容，用足够的、典型的、有说服力的材料加以具体化，或把导语中提出的问题分层次地具体叙述。可以叙述取得的成绩，分析取得成绩的原因，也可以具体介绍做法及效果，还可以反映情况，提出存在问题，或者可以几项兼而有之。

要把主体部分的材料安排好，关键在于安排好叙述顺序。简报主体的结构方式有"纵式""横式"两种。"纵式"即按事物发生、发展的时间顺序安排，简报选用的材料是一个问题、一种情况或一个事件时，常常用这种方法。"横式"即按事理分类，各材料之间是平行并列的关系。当简报反映涉及面宽但共性突出的问题时，或集中报告多种意见、发言或多角度说明问题，多方面地揭示事物的意义时，常用这种方法，为了醒目还往往使用小标题。

第三，结尾。简报的结尾往往只是三言两语。或简要概括一下全文的内容，以加深印象；或集中总结成绩，以强调效果；或发出号召，以推动工作；或指出发展趋势，以引起注意。有时结尾也可不要。

有的简报还在正文前加编者按语，也叫编者按，说明编发此份简报的原因或目的，以引起读者的重视。按语是简报的编者及有关领导审查文稿后，对文稿的内容性质所作的说明性和评论性的文字。"编者按"代表简报编发单位的意见，一般放在简报文章标题之上，也可以放在标题以下，有的用括号括住，有的用比正文略大的字体刊印，加以突出。

常见的按语写法：一是批示性按语，即编者根据领导人的意见，提出简报内容和借鉴的原则要求；二是提示性按语，把简报的中心内容提示出来，便于读者迅速把握文章精神；三是评价性按语，表明编者对简报内容所报道的事实的看法，引导读者掌握政策界限。

（3）报尾部分。由发送单位和印发份数组成。这部分写在最末页下端两道横线中。左边写发送单位，这是对简报分送范围的限定，分抄报、抄送；右边写本期共印份数。有的简报没有报尾，如单位内部印发的简报、会议简报等。

【案例展示】

××市城市综合管理办公室拟写的简报如下：

××市综合管理简报

（第7期）

××市城市综合管理办公室　　　　　　　　　　2016年4月26日

数字化城管平台受理投诉情况的简报

第12～14周，数字化城管平台共受理各类投诉案卷1873条，有效案卷1630条，完成1565条，办结率96%，群众满意率90%。其中采集员上报1484条，公众举报88条，视频抓拍47条，政府热线12345转办77条，媒体举报2条，市综合办解释结案175条。涉及××区环卫局638条、市城管支队467条、××区环卫局94条、市政工程处50条、市园林管理局69条、市环卫局68条、市自来水公司40条、市公交公司16条、市路灯管理所8条、市客运管理处2条、××区执法大队9条，快速上报169条（截至2016年4月12日，市综合管理办公室共受理案卷52322条）。

一、基本情况

市综合办以创建省级青年文明号为契机，制定实施《数字化平台接线员考核管理办法》，不断提升数字化平台工作人员业务素质。对从着装礼仪到电脑操作，从文明用语到城市管理部门工作职责范围的熟悉程度，进行全面考核。根据考核办法，近期对3月份考核前三名进行了奖励。这一举措，有力地推进了数字化平台工作朝着规范化的方向发展。

近期，市综合办协调解决了省长信箱1件。反映的内容是××花园8栋3单元406室屋顶发生了开裂、漏水现象。城投公司及时派人进行了现场勘查，经协调，城投公司将隔热层的晒台采用玻璃钢瓦铺设，杜绝了漏水问题。

12345热线转办、市民电话投诉的主要问题有以下几个方面：

1. 违章搭建。

2. 公交站牌维修不及时。

3. 路面沉降。

数字化平台及时把这些情况反馈给责任单位，责任单位均予以妥善解决处理。

二、典型事例

3月31日上午10时，数字化平台视频抓拍到昆山西路消防栓倒在地上，自来水往外流。自来水公司接到指令后，在当天中午就修复完毕。

4月7日上午9时，数字化平台视频抓拍到邯郸路艺术瓷厂路口逸天装饰设计有限公司旁边有大量建筑垃圾。市城管支队接到指令后，城管执法大队队长带领队员及时清理干净，受到周边市民好评。

4月8日10时，采集员上报新村北横路桥头有一堆余土石块，城管执法大队接到指令后，及时派人员清理干净。

三、存在的问题

1. 违章搭建现象较多。在公众举报的88条中，有47条是举报违章搭建现象的，占总举报量的53.4%。专业部门处理后，群众满意度仍然不高。

2. 公交主要存在驾驶员服务态度不好、到站不停、公交站牌维修不及时等问题，时有车门夹伤人的投诉。

3. 浙江路、广场南路、昌江大道、珠山中路开挖修复后，出现二次沉降，影响市容环境和市民出行安全，希望城管支队加强监管，落实相关单位恢复路面平整。

报：市委常委、市创建办、市建设局、市城管支队

送：市公安局指挥中心、市建设系统各专业部门

（共印300份）

【能力训练】

1. 指出下文存在的问题，并进行修改。

××校区举办了第五届学生运动会

××校区于11月8日至10日，举办了第五届校园运动会，有24个班级参加，运动员近300名，比赛项目有20多个。参赛选手发扬了"友谊第一，比赛第二"的体育精神，积极参加比赛，取得了较好的成绩，涌现出了一批优秀的体育人才和优秀班级。本届校园运动会的成功举办，进一步凝聚了学生的集体精神，带动了学生参加体育锻炼的热情，既丰富了校区的精神文明建设，又为建设和谐校区注入了新的活力。

2. 根据下述材料，编写一份系团总支活动简报。

9月18日，在新生中介绍团总支、学生分会，鼓励同学们向团总支、学生分会递交申请书。

9月25日，参加学校拔河比赛，有12支代表队参加，我系取得第三名。

9月27日，我系在南院礼堂举办了一场"我为港城喝彩"文艺晚会，有歌曲联唱、舞蹈、小品、快板等节目。

10月11日，对团干进行培训，30多人参加了培训。

10月14日，参加"希望杯"新生篮球赛，获第二名。

10月20日，我系积极响应学院号召，组织全系同学无偿献血，共有223名同学报名。

10月28日，我系参加院金秋书画展，共有6人获奖。

11月2日，我系举办卫生宿舍评比，评出6个"文明宿舍"。

11月19日，我系举办首届才艺大赛，包括唱歌、舞蹈、小品、乐器、书法、朗诵等项目。

第四节 声　明

【学习目标】

1. 了解声明的概念。
2. 掌握声明的写作格式。
3. 能够写作声明。

【案例导入】

在新型冠状病毒发展的过程中，找到"零号病人"是非常关键的，可以追踪病毒的发展传播途径。近期，黄燕玲很是苦恼，自己莫名其妙成了"零号病人"。黄燕玲曾经学习的中科院武汉病毒所也受到了很大的影响，因此，中科院武汉病毒所打算向社会公开发表一份声明，以消除误解。请你帮助该单位拟写一份声明。

【范例感知】

例文 1

临沂消防郑重声明

近日,部分市民、企业主反映,有不明身份人员冒充市消防支队领导,通过电话、短信等多种形式,推销消防器材、书籍等骗取钱财。在此郑重声明,消防部门和任何消防人员不会在任何时间、任何地点推销消防器材、书籍等;消防部门向各企事业单位及市民发放的消防安全宣传材料全部都是免费的。请各位市民朋友保持警惕,遇到有关可疑行为,可以与各地公安、消防部门联系,也可拨打96119 进行举报。

2019 年 11 月 8 日

例文 2

"王者荣耀"商标被冒用,官方严正声明

针对目前市面上出现部分假冒"王者荣耀"商标进行销售产品(如磁性笔等)的问题,现特别声明如下:

1. 目前市面上出现带有王者标签的磁性笔玩具,为冒充"王者荣耀"商标的假冒产品,与王者荣耀无关。

2. 召唤师如从第三方选购王者荣耀相关商品及周边,可以要求其出具代理授权书,或者直接向王者荣耀官方客服询问该销售商是否经我司合法授权,以确认其销售的产品是否为我司正品。凡是不能提供授权书或授权书无法查询的我司产品均为假冒产品。对于用户购买的假冒产品,我司将不承担任何质量保证责任,也不提供任何售后服务。

3. 王者荣耀将通过法律途径依法追究制造、销售假冒王者荣耀产品的不法经营者以及违规发布不实信息的第三方电子商务平台的法律责任。我们竭诚与广大用户共同监督市场,保障用户利益。

特此声明。

2018 年 9 月 10 日

【知识点睛】

一、声明的概念

声明是国家、党派、团体或个人向人们公开说明某种重要事情或表明态度、立场的宣告性文体。声明的使用范围相当广泛,大到国家、政党、议会,小到个人都可以发表声明，甚至几个国家间相互约定权利和义务，也可以向全世界发表声明。它通过公开的方式传播，意在表明态度，或说明某事，告白于大众，防止后患。

二、声明的特点

1. 态度的鲜明性

声明对某些问题和意见的态度明朗、庄重，读者读完后对声明者的立场一清二楚。

2. 内容的条约性

一些由具有法人资格的单位和法定代表人、当事人郑重发布的声明对某些单位或个人有很强的限制性，相关单位或个人必须遵守声明的内容。

三、声明的类型

1. 态度类声明

表明本单位或本人对某些事情的态度、立场和政治观点，或者提请有关人士或单位注意某些事项。主要包括一些国家、党派、团体发表的声明，一些名牌商品生产者为了打击假冒伪劣商品，维护本企业名誉、专利、商标发表的声明也属于此类。

2. 事务类声明

主要是为了向人们告知某些事务而发表的声明，与启事有相似性，只不过比启事更正规、庄重些。如遗失证件、单据、存根、牌照等，须向有关部门挂失或公开宣布作废的声明，有时也写作启事。

四、声明的结构与写法

1. 标题

（1）直接写"声明"。

（2）事由＋文种，如"遗失声明"。

（3）声明单位＋文种，如"中华人民共和国外交部声明"。

（4）声明单位＋事由＋文种，如"××公司关于××问题的声明"。

如带有很强的抗议和驳斥性质的声明，还可以"严正声明""郑重声明"的形式出现。

2. 正文

正文即声明的主要内容，一般由两部分构成：一是阐明发表声明的因由、目的、意义；二是写清声明的事项，可以简洁地写明告之于众的事情，或声明对事情的意见、态度、立场、愿望及提请有关人员或单位注意的事项。如果事项较多，可分条列项地逐一写明。这两部分内容在写作时可根据需要灵活掌握。如果声明事项单一或不涉及繁杂问题，正文可采用篇段合一的形式。正文末了，一般以"特此声明"作结。

在撰写声明时，对某些问题和意见的态度要非常明确，读者在读了声明之后，要对声明单位或个人反对什么、坚持什么一清二楚，声明的语言要简洁、明快，切忌空洞说教。

3. 落款和日期

写上发表声明的国家、政党、团体的名称或个人姓名，并签字盖章，同时写上发表该声明的日期、地点。有一些声明，标题中已经有了声明单位，后面可以只署时间，也可以将时间写在标题之下用括号括注。通过报纸杂志、广播电视发布的声明，可不写日期，以报纸杂志、广播电视公布的时间为准。

【案例展示】

中科院武汉病毒研究所拟写的声明如下：

中国科学院武汉病毒研究所声明

近期网络流传不实信息，称我所毕业生黄燕玲是所谓的最早感染新冠病毒的"零号病人"。经查证，我所郑重声明如下：

黄燕玲同学于 2015 年在我所毕业获得硕士学位，在学期间的研究内容为噬菌体裂解酶的功能及抗菌广谱性，毕业后一直在其他省份工作生活，未曾回过武汉，未曾被 2019 新型冠状病毒感染，身体健康。

值此抗疫关键时刻，相关谣言极大干扰了我所的科研攻关工作。我们保留依法追究法律责任的权利。衷心感谢社会各界对我所的关心、支持和帮助！

中国科学院武汉病毒研究所
2020 年 2 月 16 日

【能力训练】

1. 指出如下声明中的不当之处，并进行改正。

声 明

本律师作为××经济特区贸易有限公司常年法律顾问，经授权声明如下：

凡未经本公司法人代表授权在××省境内冒用、盗用本公司名义进行的任何形式的商务活动，包括签订的一切合同一律无效，由此产生的后果本公司不予承担。

××经济特区贸易有限公司是经中华人民共和国对外经济贸易合作部批准、具有法人资格的外资企业。本公司自 1999 年成立至今，从未在××省境内等任何地方设立任何形式的办事处或其他分支机构。

本公司依法保留追究违法冒用、盗用者的法律和经济责任的权利。

特此声明。

××市法律事务所律师：×××
2018 年 5 月 20 日

2. 请根据以下材料，拟写一份严正声明。

近期某些私人办学及中介机构假借××药业集团的名义发布"联合办学"招收高考落榜生的信息，以毕业后由集团安排工作为诱饵，吸引考生及家长。对此，××药业集团发布声明，××药业集团未和任何一家学校签订"联合办学"合同，也从未以"签订用人合同"形式发布招生、招工信息。

第五节　电子邮件

【学习目标】

1. 了解什么是电子邮件。
2. 了解电子邮件的基本结构。
3. 能够熟练地发送和回复电子邮件。

【案例导入】

"中俄交流节"上，你作为学生代表在活动期间一直陪伴俄罗斯的学生，彼此建立了深刻的友谊，给对方留下了邮箱。春节前夕，俄罗斯学生伊万给你发来了邮件，表达对你们之间友谊的怀念以及对你和家人的新年祝福。你准备给他回复一封邮件，感谢伊万的新年祝福，表达你也同样怀念你们的友谊，同时想询问他明年是否再来交流。

【范例感知】

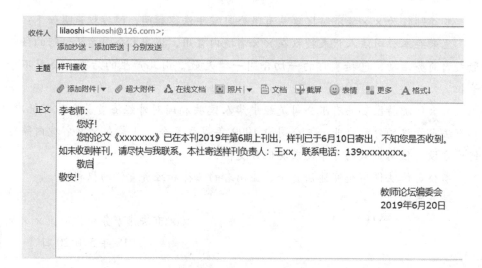

【知识点睛】

一、电子邮件的概念

电子邮件（E-mail）是建立在计算机网络上的一种通信形式。计算机用户可以利用网络传递电子邮件，实现相互通信。进行电子邮件通信，必须在网络文件服务器（即计算机）上建立电子邮件的"邮局"，它是电子邮件的中心集散地，可为每个用户设置有地址的信箱。这里的"邮局"实际上是网络文件服务器上的一组数据库文件。

二、电子邮件的分类

1. Web 方式邮件系统

所谓 Web 方式邮件系统，是指在 Windows 系统中用浏览器电子邮件服务商的电子邮件系统网址，在该电子邮件系统网址上输入用户名和密码，进入用户的电子邮件信箱，处理用户的电子邮件。

Web 方式邮件系统的使用特点是用户无须特别的设备或软件，只要有机会浏览互联网，就可以利用电子邮件服务商提供的电子邮件服务功能。

2. 客户端方式邮件系统

所谓客户端方式邮件系统（POP3），是指用户使用一些安装在个人计算机上的支持电子邮件基本协议的软件产品，使用和管理电子邮件，如 Foxmail、Outlook 等。

客户端方式邮件系统的优点在于可以利用客户端软件，方便对邮件进行备份管理。用户在下载电子邮件前，对信箱中的电子邮件可以根据发信人、标题等内容进行筛选，防止用户把时间浪费在下载垃圾邮件上，同时也能防止病毒的侵袭。

三、电子邮件的特点

电子邮件是一种异步通信方式。电子邮件以电讯号的方式传递，信息发送后并不需要即时回复，接收信息的人不一定要在场。你发送的信息被存储在电子邮件服务器的硬盘上，当接收者想读它时，服务器会把消息传给客户机。电子邮件与普通邮件相比，有以下特点：

1. 发送速度快

电子邮件通常在数秒钟内即可送达全球任意位置的收件人电子信箱中，传输速度之快是传统投递方式无法企及的。

2. 信息多样化

电子邮件发送的信件内容除普通文字内容外，还可以是软件、数据，甚至是录音、动画、电视或各类多媒体信息。

3. 收发方便

与电话通信或邮政信件发送不同，电子邮件采取的是异步工作方式，它在高速传输的同时允许收信人自由决定在什么时候、什么地点接收和回复,发送电子邮件时不会因"占线"或接收方不在而耽误时间,收件人无须固定守候在线路的另一端,可以在用户方便的任意时间、任意地点收取电子邮件,打破了时间和空间的限制。

4. 费用低廉

和传统的邮寄信件相比,电子邮件在费用上的优势是显而易见的。用户花费极少的市内电话费用(或网络通信费)即可将重要的信息发送到远在地球另一端的用户手中。

5. 可以群发共享

利用电子邮件的"抄送"功能或邮件组功能可以实现群发共享,即同一个电子邮件可以通过网络极快地发送给网上指定的一人或多人,无论这些人在世界的哪个角落。

6. 安全

电子邮件软件是高效可靠的,如果目的地的计算机正好关机或断网,电子邮件软件会每隔一段时间自动重发。如果电子邮件在一段时间之内无法递交,软件会自动通知发信人。

当然,电子邮件也有着自身无法克服的局限性,由于受到网络传输速度、用户电子邮箱容量等因素的限制,并不是所有信息都可以通过电子邮件来传递的。另外,垃圾邮件也是因电子邮件的方便、快捷而滋生的令人头痛的问题。网络病毒也可能会破坏电子邮件。

四、电子邮件的格式与写作方法

电子邮件通常由信头、正文和签名区三部分构成。

1. 信头

(1)地址(Address),包括收件人(To)和发件人(From)。写信时,在收件人处写上对方的电子邮件地址。收信时,地址栏则出现发件人的电子邮件地址。

(2)抄送(CC),用户给收件人发送邮件的同时把该邮件抄送给另外的人。邮件是否要抄送给其他人,根据写信人实际需要而定。

(3)密送(BCC)。用户给收件人发出邮件的同时把该邮件暗中发送给另外的人,但收件人不会知道该邮件又发给了哪些人。邮件是否要密送给其他人,根据写信人实际需要而定。

(4)主题(Subject),即邮件的标题,是对邮件主要内容的概括。当然也可以不写标题,但对方在收到邮件的时候就显示"无主题"。当我们回复电子邮件时,如果不对主题加以修改的话,系统就会自动生成"Re:×××"的标题字样,意为对原邮件的回复。

(5)附件(Attachment),同邮件一起发送的附加文件或图片资料等。邮件是否要添加附件,根据写信人的实际需要而定。

2. 正文

电子邮件的正文基本遵循传统纸质信件的书写格式及行文准则。正文包括称呼语、问候语、内容、结束语。

（1）称呼语。第一行左侧顶格，加上冒号。称呼要根据写信人和收信人的关系，本着长幼有序、礼貌待人的原则，选择合适的称呼。有时候电子邮件只有几句话，甚至几个字，类似于聊天内容，称呼语可以省略。

（2）问候语。称呼语下一行左空两格，一般是"你好""您好"之类的问候语。

（3）内容。问候语下一行左空两格，转行时顶格写。内容按照一事一段的原则来写，条理清楚，详略得当。

（4）结束语。内容下一行左空两格，一般写上结束语。结束语可以根据写信人和收件人的关系，或者写此邮件的目的和内容，写上不同的表示祝福的话。

3. 签名区

正文右下方签上发件人的名字，也可根据写发件人与收件人之间的关系，加上合适的称呼。

一般商务电子邮件的称呼、正文、签名均为顶格书写，段与段之间空一行，签名区还包括发件人公司名称、职务、联系方式等信息。

五、注意事项

电子邮件给我们的生活、工作带来了便利，但我们在使用电子邮件时，也有一些注意事项：

（1）来历不明的电子邮件不要轻易打开，以免病毒侵害我们的电脑。

（2）在公共场所，如网吧，尽量使用网页方式收发邮件，且不要保存密码。

（3）由于电子邮件信息的传输不是即时性的，如果是比较重要的信息，一定要通过其他方式与收件人进行确认，提醒对方查收邮件。

知识链接

书　信

在电子邮件出现之前，人们多用传统书信交流，书信是向特定对象传递信息、交流思想情感的应用文书，一般在家庭成员、朋友同事之间使用。在信息化普及的今天，书信的使用率虽低，但在特定背景下仍然有其存在的价值与意义。

严格意义上的书信写作有固定的结构，一般由称呼、正文、结尾、落款四部分构成。书信一般经由邮局寄出，需按要求填写信封。信封左上角方格内填写收件人的邮政编码，右上角粘贴邮票。收信人信息（具体地址、姓名、单位）写在信封中间靠上的位置，在收信人名字后加"收""启"等字样。寄信人信息填写在收信人信息下方偏右。信封右下角是寄信人的邮编。

【案例展示】

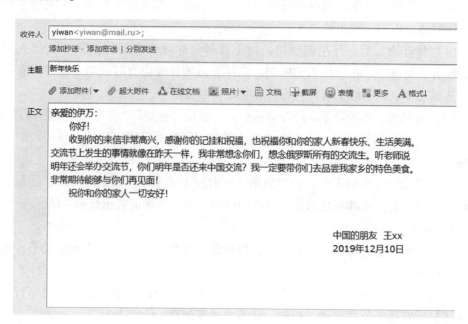

【能力训练】

放假之前,老师给大家布置了社会实践,并且要求将实践报告发送到老师的邮箱里。请你申请一个邮箱,把实践报告发给老师。

第六节　网传文体

【学习目标】

1. 了解互联网上有哪些应用文。
2. 掌握各种网传文体的写法与要求。
3. 能够根据实际情况写作并传播各种网传文体。

【案例导入】

小张毕业后自己开了一家房产中介,工作中经常需要用到电脑,但是他因为电脑性能始终达不到自己的预期而非常苦恼,请你帮他在天涯上发帖求助。

/ 第四章 传播文书 /

【范例感知】

例文1

天涯论坛 > 新闻众评 > 草根视点

周口刚获任命的副市长刘建武不幸殉职

据悉,2020年2月29日凌晨,周口市人民政府办公室发布讣告,周口市人民政府副市长刘建武因公殉职,不幸于2月28日14时16分逝世,终年45岁。现定于3月1日10时,在周口市殡仪馆向遗体告别。据河南省周口市人民代表大会官方网站公告,就在2月26日召开的周口市第四届人民代表大会常务委员会第二十二次会议上,刘建武刚刚被任命为周口市副市长。他仅正式履职3天,就因公殉职。2019年12月31日,时任新郑市委书记的刘建武,被河南省委组织部提名为河南省周口市政府副市长人选。据周口市人民政府网站发布的动态,2020年1月中下旬以来,刘建武开始以周口市政府党组成员的身份参与相关领导工作。

1月20日上午,刘建武带队调研了周口市中心城区的市政基础设施建设情况;当天下午,他带领市生态环境局及四个区的相关人员,实地调研了中心城区4处环保监测站点的运行情况及周边环境状况。次日上午,则是实地察看了中心城区的多个水系治理现场。新冠肺炎疫情爆发之后,刘建武仍在进行实地调研和督导工作。2月15日,刘建武带队走访了周口中心城区的多个棚改安置房项目现场,实地调研全面复工的进展情况,梳理了当前项目建设面临的种种问题和困难,并对严格做好复工人员疫情隔离、工地消毒等疫情防护措施提出了具体要求。

另据周口市环境保护局官方微信公众号发布的消息,2月18日,刘建武带领市生态环境局领导深入周口市相关企业,调研督导医疗废物处置管理及疫情防控应急响应工作,慰问医废处置一线员工,强调要坚决杜绝因医疗废物处置不当造成二次污染,全力以赴打赢疫情防控阻击战。2019年10月31日,《郑州日报》曾刊发刘建武的署名文章《锤炼政治品格 砥砺初心使命》。在这篇近2000字的文章中,44岁的他写道,焦裕禄、杨善洲等党的优秀干部身上,让人看到了为民务实、无私奉献的那股拼劲儿,也让人更加明白了实现人生的价值不在于职务的高低、不在于财富的多少,而在于为人民做了多少事、为党的事业贡献了多少力量。

例文 2

> 余秋雨先生曾经非常苦恼，网络上常常流传不实言论，严重影响了余秋雨先生和他家人的生活，因此，余秋雨先生利用微博发表了辟谣声明。
>
> **余秋雨辟谣声明**
>
> 一、前不久网上疯传的所谓我去看病，发现"医疗系统病得更重"的文章，转发频率高达数百万，却完全是伪造的。我没有生病，而且这篇文章从观念到文笔都与我南辕北辙。这种利用他人声誉进行胡乱编造的行为，是违法的。我已几度阻止，却无法找到源头，因此只得再次发表声明。
>
> 二、网上流行的一百七十多篇署有我名字的文章和诗句，包括那篇被选为高考题目的关于我在德国居住的文章，以及已经非常出名的诸如"你的过去我无法参与，你的将来我奉陪到底"等句子，都不是我写的。这种不知出于什么目的"强行赠送"的行为，也是对我姓名权的盗用，对我文学声誉的侵害。
>
> 三、近几年来反复出现的我妻子的"离婚声明"，以及所谓"前妻李女士"的发言，更是彻底伪造。这起低劣伪造事件的企图已经暴露，那就是通过名誉讹诈来骗取高额的"熄火费"。我已向上海警方报警，警方已录取了那位"李女士"的视频声明，证明事情与她毫无关系。案情已经基本清楚，今后任何网站如果继续转发这一谣言，可能会承担应有的法律后果。
>
> 我辞职二十九年来，集中全部精力考察和传播中华文化，在国内外都拥有大量读者和听众。但是，其中整整二十年间，每年都有三个以上针对我的谣言通过媒体哄传海内外，造成不小的逆向破坏。这些谣言后来全被事实一一击破，却从来未见有一家媒体道歉。现在我高兴地看到，中国警方和司法部门已经介入谣言讹诈事件，很多有良知的网络也先后表态，不再纵容这种恶性谣言。因此我正式发表这个辟谣声明，以示响应，并划出一条法律界线。
>
> 余秋雨
2018 年 11 月 26 日

【知识点睛】

一、网传文体的概念

网传文体这里指在互联网上产生并传播的应用文。网传文体可以分为两类，一类与传统纸质应用文相同，只不过将其拍照或扫描上传到网上，借用网络使其广泛传播；另一类产生于网络，并在网络传播，如论坛帖子、博客、微博等。此处讨论的是第二种。

网传文体一般没有严格的格式要求，大多数网传文章只有标题，有的甚至标题都没有，但是这并不妨碍网传文体的高使用率。甚至在一定程度上，正是这种随性自在的行文方式，不拘一格的文体要求，使得网络传播文体的速度更加迅速。值得注意的是，网络的无甄别性使得现阶段的网传文体质量良莠不齐，这需要每一个参与其中的人提高自身素质，维护网络环境。

二、网传文体的分类

1. 论坛帖子

论坛帖子（BBS）是电子布告栏系统（Bulletin Board System）的英文缩写，与真实生活中树立在街边或是校园的布告栏功能相似，网络提供一个公共电子白板，用户可以在上面发布启事、传播信息、发表感想、讨论话题等。这些发布在论坛上的文章或者信息就被称为"帖子"。"帖子"在这里有简短的信息的含义。虚拟社区是为用户提供的网络交流场所，创始于1999年的天涯社区，截至2011年注册用户已经达到近百万人。因为网络传播迅捷、时效性强、无障碍交流等特点，论坛可以短时间内聚集大量人群，内容覆盖人们生活的方方面面。

（1）论坛帖子（BBS）的分类。

①校园BBS站。目前很多大学都有了BBS，BBS几乎遍及全国各地高校。像清华大学、北京大学等都建立了自己的BBS系统，北京大学的未名、清华大学的水木清华等高校BBS都很受学生和网民们的喜爱。大多数BBS是由各校的网络中心建立的，也有私人性质的BBS。

②商业BBS站。主要是进行有关商品的商业宣传、产品推荐等的BBS，如电脑、房地产的商业BBS。

③专业BBS站。这里所说的专业BBS是指部委和公司的BBS，它主要用于建立地域性的文件传输和信息发布系统。

④情感BBS站。情感BBS站主要用于用户之间的情感交流，这是许多娱乐网站的首选。

⑤个人BBS站。有些个人主页的制作者们在自己的个人主页上设立了BBS，用于接受别人的想法，也更有利于与用户或好友进行沟通。

（2）论坛帖子的功能。网络论坛的功能大致有信息讨论、文件共享和在线交谈等。

①信息讨论。这是最受网民欢迎的一种功能，习惯上把在网络论坛上发表文章或意见称为"发帖子"，这些文章或意见称为"帖子"。网络论坛设有专门的讨论区，如人文、旅游、情感、体育、游戏等，登录的用户可以自由匿名地发表意见，与别人交流心得和经验。

②文件共享。一般的网络论坛中，大多设有交流用的文件区，众多免费软件和各种最新消息都可以通过网络论坛获得。这不仅使用户得到适合的软件，了解及时的信息，也使软件开发者的成果和信息发布者因为公众使用软件或获取信息而得到

肯定。

③在线交谈。有些网络论坛可以做到在线交谈：登录后，可与其他同时在线的用户即时联机交谈，有的只能进行文字交谈，有的可以直接进行语音交谈。

（3）论坛帖子的特点。

①真实坦荡，切合现实。真实的事件，真诚的情感，真情的文字，不加修饰的表达方式，把普通人的生存状态原汁原味地呈现出来。

②价值多元，率性游戏。网络时代，社会时时刻刻都在发生变化，论坛就能随之产生层出不穷的新话题。人们不满足于这些事件按照常规的方式解读，会创造性地寻找独特的角度作娱乐化延伸，这样就形成了多元且富于游戏性的论坛写作情境。

③敏感敏锐，探幽发微。网络可以将人们的生活与工作方式随时传送上网，展现在所有人的面前，以往容易被忽略的细节经网友寻根问底，往往可以让一些失误、失德甚至犯罪显露形迹。

④集体创作，一呼百应。在论坛中，人人都可以成为文化创造者或意见领袖。人们从被动的看客变为主动的参与者。网络论坛多元的作者群体丰富了作品层次，实现了人与人之间最直接的交流和沟通，同时也为普通民众参与公共事务提供了便捷的途径。

2. 博客

博客是英文 Blog 的音译，其本义为日志，是博客网站按网民需求定制的私人网络空间，网民可以在博客中撰写日记，发表在个人主页上，自己设计版式、栏目分类等。博客写作者即博主，博主可以回复读者评论、链接其他博主文章等。相对于论坛而言，博客写作把个人的全部作品放在一个网络空间内，读者可以完整窥见博主的个性、志趣与才华，是真正由作者主导的自由挥洒的新世界。

博客写作有以下特点：

（1）多使用链接。博主在收集信息时，不必将原文呈现在自己的博客中，只需使用链接就能让读者读到文章。这样不仅操作便捷，使博客的页面简洁有层次，同时还能体现对原文作者版权的尊重。

（2）使用多媒体手段。博客中可以使用大量的多媒体资料，一张好的图片、一段好的音频可以胜过千言万语。这是传统文体无法达到的效果。

（3）精心设计标题和关键词。博主在给自己的博文设计标题时，要使其充分引人注目，标题中凸显关键词，以保证读者可以通过搜索引擎找到这篇文章。

（4）保护隐私。文章在发表之前，博主有义务考虑到对读者以及社会舆论的影响，不能影响他人生活，注意保护他人隐私。

3. 微博

微博即微博客，源自美国的 Twitter，2009 年微博落户中国。到 2018 年，中国微博注册用户已经超过 3.8 亿。

（1）微博的特点。

①文字"直播"。微博可以用手机实时上传文字、图片等，迅速传送信息，现场感不亚于直播间。

②字数少。微博的字数限制在140字以内，迎合时代"速食文化"的特点，具有短、平、快的特点，简洁便利，人人皆宜。

③评论转发。在微博中可以随时评价他人微博，发表自己的想法，或可在评论的同时将其转发。这样的传播方式可以让信息在短时间内以几何级数在社会中传播。

④名人效应。很多名人利用微博与大众互动，可以起到很好的传播以及宣传作用，如微博"打拐"事件中，明星将儿童照片上传到自己的微博，使得事件的影响力迅速扩大。

（2）微博的社会价值。

人气旺、点击率高的微博，往往会关注民生，积极参与谈论社会重大事件和热点，观点犀利深刻，语言概括力强、幽默风趣、轻松诙谐，同时紧跟流行文化，充分利用网络流行语，易于模仿，易于引起读者共鸣。

三、网传文体的写作要求

1. 内容要健康

网传文体可以隐藏作者身份，其匿名性使得发文往往比较随意，但是不能因此发表或转载低俗、不健康的内容。因为网络是一个公共媒体，网传文体在客观上会起到传播信息、影响他人的作用。

2. 语言要文明

网传文体语言丰富多彩，产生了很多富有网络特色和时代气息的"网络语言"。但是网络上也存在着许多不文明的语言，污染了网络环境，我们应该自觉抵制这种不文明的行为。另外，在写作网传文体时，要注意用语的规范性。

3. 遵守法律法规

发表或转载任何网传文体都必须遵守法律，严禁发表危害国家安全、破坏民族团结、破坏社会稳定、侮辱、诽谤、教唆、淫秽等内容的作品。

【案例展示】

小张在天涯上发布了帖子，并收到很多有用的回复。具体如下：

> **买了三台笔记本电脑都卡，到底什么样的笔记本电脑好**
>
> 年前为了让店里的档次升高，决定把店里的电脑全部换成笔记本电脑，超薄的那种。
>
> 第一次买了苹果笔记本电脑，用了一个小时就退了。原因很简单，就是有些专业的软件苹果系统是无法安装的，直接退货。

第二次买了一台华为最新款的笔记本,触摸屏的那种。9000多元的笔记本电脑,在华为专卖店买的,买回来居然很卡,而且 Windows 10 系统有超多的广告自动弹出,这真的让我大失所望。

于是我又去看其他品牌,看过京东和淘宝的评论,去苏宁易购看了华硕笔记本电脑。6000多元,我买了两台。这下问题真来了。不但卡、广告多,而且用了没有多久员工就反映有质量问题。最后一台彻底罢工,屏幕自己花了;另外一台经常无法开机。由于疫情和工作的原因,没有找专业人士维修。

这三台笔记本电脑都没达到我的预期,不知道大家有没有用的不卡的笔记本电脑。

作者:ty_ 怀念956Lv 4 时间:2020-03-16 02:23:33
越小越卡,记住我的忠告。

作者:ygwblLv 11 时间:2020-03-16 03:00:31
联想笔记本拯救者Y7000P。

作者:东子木木 Lv 8 时间:2020-03-16 03:34:38
安个360,清理下垃圾,搞下优化。把不用的软件卸载了。电脑卡,不一定是电脑问题,也可能是软件问题。

作者:KINGDEEWJBLv 10 时间:2020-03-16 06:26:36
用大型软件的,最少要七八千的价格吧,主要是显卡最少6G,内存16G,硬盘一定要固态硬盘,这样肯定不会卡了。广告是你安装软件的问题。另外超薄的不一定好,因为散热差,配置高的电脑最好不要用超薄的。

作者:零时回到原点 时间:2020-03-16 08:49:51
如果放在店里用不拿出去的话,还是买配置高点的游戏本。

作者:胖虎吃煎饺 Lv 2 时间:2020-03-16 09:11:59
不是电脑的问题我觉得,可能是软件安装和使用上有问题。苹果、华硕都不错。

【能力训练】

请注册一个论坛(博客、微博)账号,发表一篇关于学生要理智追星的文章。

第五章 礼仪文书

礼仪文书是指人们在各种社会活动中所使用的带有礼节性的文书。它是机关、团体、企事业单位以及个人在各种社交活动中用来增进友谊、加深了解、改善关系、协调工作的一种应用文。在社会文明不断提高、社交活动日益频繁的今天，礼仪文书的使用越来越广泛。本章主要介绍祝词、开幕词、闭幕词、邀请函、悼词的写法。

第一节 祝 词

【学习目标】

1. 了解祝词的概念与特点。
2. 掌握祝词的格式和写法。
3. 能够根据不同场合需要写作简单的祝词。

【案例导入】

商贸服务系肖雅同学毕业后来到松山机械制造公司工作，恰逢本市另一家知名机械公司精创机械成立十周年，松山机械制造公司要从全体员工的角度向其致贺。领导请她代书祝词，肖雅很快完成了祝词的写作并取得了良好的效果。你知道她是如何写作的吗？

【范例感知】

例文1

在上海合作组织青岛峰会欢迎宴会上的祝酒词

(2018年6月9日,青岛)

中华人民共和国主席 习近平

尊敬的各位同事,

各位来宾,

女士们,先生们,朋友们:

大家晚上好!

很高兴同各位相聚在黄海之滨的山东青岛。首先,我谨代表中国政府和中国人民,并以我个人的名义,对来华出席上海合作组织成员国元首理事会会议的各国领导人和国际组织负责人,对各位来宾,表示热烈的欢迎!

山东是孔子的故乡和儒家文化发祥地。儒家思想是中华文明的重要组成部分。儒家倡导"大道之行,天下为公",主张"协和万邦,和衷共济,四海一家"。这种"和合"理念同"上海精神"有很多相通之处。"上海精神"坚持互信、互利、平等、协商,尊重多样文明,谋求共同发展,强调求同存异、合作共赢,在国际上获得广泛认同和支持。

在"上海精神"引领下,本组织不仅在安全、经济、人文等合作领域取得丰硕成果,在机制建设方面也迈出历史性步伐。如今,上海合作组织拥有8个成员国、4个观察员国、6个对话伙伴,是维护地区安全、促进共同发展、完善全球治理的重要力量。

青岛是世界著名的"帆船之都",许多船只从这里扬帆起航、追逐梦想。明天,我们将在这里举行上海合作组织扩员后的首次峰会,全面规划本组织未来发展蓝图。

让我们以青岛峰会为新的起点,高扬"上海精神"的风帆,齐心协力,乘风破浪,共同开启上海合作组织发展新征程!

现在,我提议,大家共同举杯,

为青岛峰会圆满成功,

为各国发展繁荣、人民幸福安康,

为上海合作组织的美好明天,

为各位来宾和家人的健康,

干杯!

例文 2

祝 寿 词

尊敬的各位来宾，各位亲朋好友：

春秋迭易，岁月轮回，当甲申新春迈着轻盈的脚步向我们款款走来的时候，我们欢聚在这里，为我尊敬的奶奶共祝八十大寿。

在这里，我首先代表所有亲朋好友向奶奶送上最真诚、最温馨的祝福，祝奶奶福如东海，寿比南山，健康如意，福乐绵绵，笑口常开，益寿延年！

风风雨雨八十年，奶奶阅尽人间沧桑，她一生中积累的最大财富是她那勤劳善良的朴素品格，她那宽厚待人的处世之道，她那严爱有加的朴实家风。这一切，伴随她经历了坎坷的岁月，更伴随她迎来了今天晚年生活的幸福。

嘉宾旨酒，笑指青山来献寿。百岁平安，人共梅花老岁寒。今天，这里高朋满座，让寒冷的冬天有了春天般的温暖。

最后，让我们献上最衷心的祝愿，祝福老人家生活之树常绿，生命之水长流，寿诞快乐，春晖永绽！

祝福在座的所有来宾身体健康、工作顺利、合家欢乐、万事如意！

谢谢大家！

【知识点睛】

祝词是举行典礼、会议、宴会等活动时表示良好的愿望或庆贺之意的讲话或文章。祝词最基本、最核心的内容是要向对方表示热烈的祝贺。

一、祝词的种类

祝词根据所祝贺对象的不同，可分为五种。

1. 事业祝词

用于祝贺工厂开工、商店开业、展览会或大型活动剪彩等，其内容为祝愿顺利、吉祥、获得更大的成功。

2. 会议祝词

用于上级领导应邀出席某一单位或团体举行的重要会议，内容是表示祝贺，对会议提出希望和要求。

3. 祝酒词

用于外交场合，是宴会上为助酒兴而发表的祝贺的话。一般的祝酒词写法比较灵活，只要能够表达出祝贺之意即可。但国宴上的祝酒词的写作格式很严格，不仅要符合祝酒词的写作格式，而且语言要非常得体。

4. 祝寿词

一般用于对他人贺寿，内容上既要祝愿对方长寿，又要赞颂对方已取得的成绩和做出的贡献。

5. 新婚祝词

用于婚礼，内容为祝愿夫妻恩爱、婚姻幸福、事业顺利、生活美满等。

二、祝词的格式和写法

1. 标题

第一行居中写，一般包括致祝词人的姓名和致祝词的事由，也有的只写"祝词"二字。

2. 被祝贺的对象

第二行顶格写，称呼是单位的写全称，是个人的在姓名后加"同志""先生"等词语，既礼貌，又亲切。

3. 祝词正文

第三行空两格起写，祝词的对象不同，正文的内容也就不同。如祝某项工程开工典礼，正文就要先写明工程的名称、内容、开工时间，再对工程开工表示祝贺，提出希望和要求。

4. 祝颂语

在正文下面另起一行，空两格写。祝颂语应高度概括。如给老人祝寿，一般写"祝×老寿比南山，福如东海"；祝酒词往往写"为了大家的身体健康、工作顺利，干杯"；会议祝词常常写"预祝大会圆满成功"。

三、写祝词应注意的问题

（1）写祝词应先了解被祝贺的对象，掌握情况。写出的祝词要切合实际，言之有物。

（2）祝词是向对方表示祝贺的，用词应该热情、友好，字里行间应洋溢着真挚的感情。

（3）祝词的篇幅要简短，切忌大而全的长文。

知识链接

贺　词

贺词、贺电、贺信，是对他人取得的成就、获得的某种职位、组织的成立、喜庆纪念日期表示祝贺的文书。一般而言，贺词的篇幅较长，贺电、贺信的篇幅较短。祝词与贺词在某些场合可以互用。

祝词与贺词的区别：

祝词主要用于将要进行而尚未进行，或刚刚开始进行，或正在进行之中，但尚未取得可喜结果的事情或事业，祝贺者出于美好的心愿而对之表达希望和祝愿。

"祝愿"是祝词的基本特征。

贺词主要用于表达为他人的成绩感到高兴，为他人的喜事感到欢乐，为他人的事业感到欣慰，为亲朋好友的幸福感到高兴的感情。"庆贺"是贺词的基本特征。

贺词例文

习近平2020新年贺词

2020年就要到了，我在首都北京向大家送上新年的美好祝福！

2019年，我们用汗水浇灌收获，以实干笃定前行。高质量发展平稳推进，我国国内生产总值预计将接近100万亿元人民币、人均将迈上1万美元的台阶。三大攻坚战取得关键进展。京津冀协同发展、长江经济带发展、粤港澳大湾区建设、长三角一体化发展按下快进键，黄河流域生态保护和高质量发展成为国家战略。全国将有340个左右贫困县摘帽、1000多万人实现脱贫。嫦娥四号在人类历史上第一次登陆月球背面，长征五号遥三运载火箭成功发射，雪龙2号首航南极，北斗导航全球组网进入冲刺期，5G商用加速推出，北京大兴国际机场"凤凰展翅"……这些成就凝结着新时代奋斗者的心血和汗水，彰显了不同凡响的中国风采、中国力量。

一年来，改革开放不断催生发展活力。党和国家机构改革圆满完成。增设一批自由贸易试验区和上海自由贸易试验区新片区。科创板顺利启动推进。减税降费总额超过2万亿元。个人所得税起征点提高了，老百姓常用的许多药品降价了，网络提速降费使刷屏更快了，垃圾分类引领着低碳生活新时尚。"基层减负年"让基层干部轻装上阵。放眼神州大地，处处都有新变化新气象。

一年来，国防和军队改革扎实推进，人民军队展现出新时代强军风貌。我们进行国庆大阅兵，举行海军、空军成立70周年庆祝活动，举办第七届世界军人运动会。首艘国产航母正式列装。人民子弟兵永远是保卫祖国的钢铁长城，让我们向守护家园的忠诚卫士们致敬！

2019年，最难忘的是隆重庆祝新中国成立70周年。我们为共和国70年的辉煌成就喝彩，被爱国主义的硬核力量震撼。阅兵方阵威武雄壮，群众游行激情飞扬，天安门广场成了欢乐的海洋。大江南北披上红色盛装，人们脸上洋溢着自豪的笑容，《我和我的祖国》在大街小巷传唱。爱国主义情感让我们热泪盈眶，爱国主义精神构筑起民族的脊梁。这一切，汇聚成礼赞新中国、奋斗新时代的前进洪流，给我们增添了无穷力量。

一年来，我去了不少地方。雄安新区画卷徐徐铺展，天津港蓬勃兴盛，北京城市副中心生机勃发，内蒙古大草原壮美亮丽，河西走廊穿越千年、历久弥新，九曲黄河天高水阔、雄浑安澜，黄浦江两岸物阜民丰、流光溢彩……祖国各地一派欣欣向荣的景象。我沿着中国革命的征程砥砺初心。从江西于都红军长征集结出发地到河南新县鄂豫皖苏区首府革命博物馆，从甘肃高台西路军纪念碑到北京香山革命纪念地，每个地方都让我思绪万千，初心和使命是我们走好新时代长征路的不竭动力。

同往常一样，我无论多忙，都要抽时间到乡亲们中走一走，看一看。大家跟我说了很多心里话，我一直记在心上。云南贡山独龙族群众、福建寿宁县下党乡的乡亲、"王杰班"全体战士、北京体育大学研究生冠军班同学、澳门小朋友和义工老人，给我写了信。我在回信中肯定了大家取得的成绩，也表达了良好祝愿。

一年来，许多人和事感动着我们。一辈子深藏功名、初心不改的张富清，把青春和生命献给脱贫事业的黄文秀，为救火而捐躯的四川木里31名勇士，用自己身体保护战友的杜富国，以十一连胜夺取世界杯冠军的中国女排……许许多多无怨无悔、倾情奉献的无名英雄，他们以普通人的平凡书写了不平凡的人生。

2019年，中国继续张开双臂拥抱世界。我们主办了第二届"一带一路"国际合作高峰论坛、北京世界园艺博览会、亚洲文明对话大会、第二届中国国际进口博览会，向世界展示了一个文明、开放、包容的中国。我同很多国家元首和政府首脑会晤，分享了中国主张，增进了友谊，深化了共识。世界上又有一些国家同我国建交，我国建交国达到180个。我们的朋友遍天下！

2020年是具有里程碑意义的一年。我们将全面建成小康社会，实现第一个百年奋斗目标。2020年也是脱贫攻坚决战决胜之年。冲锋号已经吹响。我们要万众一心加油干，越是艰险越向前，把短板补得再扎实一些，把基础打得再牢靠一些，坚决打赢脱贫攻坚战，如期实现现行标准下农村贫困人口全部脱贫、贫困县全部摘帽。

前几天，我出席了澳门回归祖国20周年庆祝活动，我为澳门繁荣稳定感到欣慰。澳门的成功实践表明，"一国两制"完全行得通、办得到、得人心。近几个月来，香港局势牵动着大家的心。没有和谐稳定的环境，怎会有安居乐业的家园！真诚希望香港好、香港同胞好。香港繁荣稳定是香港同胞的心愿，也是祖国人民的期盼。

历史长河奔腾不息，有风平浪静，也有波涛汹涌。我们不惧风雨，也不畏险阻。中国将坚定不移走和平发展道路，坚定不移维护世界和平、促进共同发展。我们愿同世界各国人民携起手来，积极共建"一带一路"，推动构建人类命运共同体，为创造人类美好未来而不懈努力。

此时此刻，还有许多人在坚守岗位，许多人在守护平安，许多人在辛勤劳作。大家辛苦了！

让我们只争朝夕，不负韶华，共同迎接2020年的到来。

祝大家新年快乐！

【案例展示】

肖雅给精创机械公司写作的祝词如下：

祝　词

精创机械有限公司：

　　正值我市产业调整、重点项目纷纷启动之际，贵公司栉风沐雨，迎来了十周年庆典，这是我们机械制造业，也是全市人民的一件喜事。在此谨向贵公司致以热烈的祝贺！

　　贵公司是我市机械制造的中坚力量，也是省级优秀企业。作为产值居我市前列的龙头企业，贵公司对满足城市发展的物质需求，繁荣我市经济贸易格局，定会起到更加重要的作用。

　　祝贵公司庆典大吉，成就日新！

松山机械全体员工
2018 年 12 月 10 日

【能力训练】

1. 请结合本节所学内容说一说，习总书记在向各界人士表示新年祝贺时，为什么用"贺词"而非"祝词"。
2. 请借元旦、中秋节、教师节或生日向你心中要祝贺的人表达你的心愿。
3. 请根据以下内容要求为郭老师写一份祝寿词。

你的小学班主任郭老师即将迎来 60 岁生日，上学时她一直对你照顾有加，这份感情你一直铭记在心，满怀感恩，请你以寿宴学生代表的身份写一份祝寿词。

第二节　开幕词

【学习目标】

1. 了解开幕词的概念与特点。
2. 掌握开幕词的格式和写法。
3. 能够根据不同场合需要写作简单的开幕词。

【案例导入】

一年一度的运动会要开始了，请你结合本校实际情况，帮校长草拟一份运动会开幕词。

【范例感知】

北京奥运会开幕式开幕词

在全国人民以巨大的热情认真贯彻奥林匹克精神的大好形势下，一百多年的梦想终于实现。在世界各地体育事业专家、教授、学者沐浴春风、辛勤耕耘、踌躇满志地迈出新的步伐的时候，我们第 29 届中国北京奥运会开幕了。

在此令 13 亿中华儿女欢欣的美好时刻，我们向生活、工作、奋斗在世界各地的奥委会员和所有体育工作者，表示亲切的问候，向当选并出席本次奥运会的全体代表，表示热烈的祝贺，向光临奥运这一民族盛事的国家领导及各方贵宾表示热忱的欢迎和诚挚的感谢！出席本次奥运会的 24 个国家和地区的 398 名代表以及 4200 多名运动员，来自世界各地，代表着世界几万名会员，代表着一支属于现在、更属于未来的体育将军。

今天我们大家在鸟巢欢聚一堂，共商发展和繁荣世界体育的大计。按照大会预定的议程，同志们在奥运会期间，要认真学习奥运精神，简单讲，奥运倡导的不仅仅是竞技荣誉，更为重要的是和谐发展。认真参赛，听取各国领导的讲话，深刻领会奥林匹克精神，从体育事业兴旺发达和民族振兴的高度，充分认识体育建设的重要性和迫切性，进一步明确体育工作的前进方向与美好前景，树立信心，鼓足干劲，为世界体育的发展与繁荣作贡献。我们这次代表大会还将审议通过第二十九届常务理事会的工作报告，讨论修改奥运会章程，并按照新的会章选举产生第三十届奥委会和主席团，以及宣布第三十届奥运会的主办者。我们每位代表要认真履行自己的光荣职责，完成奥运会的各项任务，促进奥运会圆满成功。

同志们，从 1979 年恢复席位以来到 2004 年，中国体育健儿已经参加 6 届夏季奥运会，获得了 112 枚金牌、96 枚银牌和 78 枚铜牌。中国还参加了 8 届冬季奥运会，一共获得了 4 枚金牌、16 枚银牌和 13 枚铜牌。中国运动员在奥运赛场上的出色发挥，证明了我国竞技体育的实力和水平。现在，在中华民族全面振兴、迎来光辉灿烂新纪元的历史时刻，振兴中华体育、再创世界体育辉煌的历史责任落在了我们肩上！2008 中国北京奥运，这是伟大的历史使命，是需要我们呕心沥血为之奋斗才能实现的艰巨目标！体育教练的肩膀，这头压着时代的重任，那头挑着人民的厚望，我们是极为活跃的文明创造力。体育是我们生命的活力所现。第 29 届中国北京奥运会也为体育运动员施展才华，提供了广大的舞台和很好的条件。在这样的舞台和很好的条件下，我们要实事求是地制定规划，满怀信心地赛出水平、赛出风格。体事恰如长江水，后浪永远推前浪。在四年后的第

30 届奥运会中，面对充满挑战的 21 世纪，我们更要紧握风云百年的奠基，以更高的成绩突破 2008 中国北京奥运的今天！

同志们，我们这次奥运会一定要发扬民主，加强团结，相互勉励，交流经验，明确目标，脚踏实地，鼓足干劲，把这次奥运会办成民主、团结、和平、鼓劲、繁荣的大会，办成振兴中华、再创辉煌的民族誓师盛事，办成世界奥运会史上一次具有突破性意义的盛会。

【知识点睛】

一、开幕词的使用范围

开幕词用于一些较为郑重的、有重要意义的大中型会议或活动开始时，是大会主持人或主要领导人所作的开宗明义的讲话。开幕词能使会议显得正规、庄重，使活动显得隆重、热烈。

二、开幕词的特点

1. 简明性

开幕词的特点是简洁明了，短小精悍，最忌长篇累牍，言不及义。

2. 口语化

开幕词是一种领导讲话稿，要写得通俗易懂，鲜明生动，又要朗朗上口，适于口头表达。

三、开幕词的写法

开幕词由标题、称谓、正文三部分组成。

1. 标题

可直接写"开幕词"三个字，也可在"开幕词"前写上会议、活动名称。如中国共产党第十二次全国代表大会的开幕词标题是"中国共产党第十二次代表大会开幕词"，这样的标题很醒目，让人一看就知道是什么会议或活动的开幕词。

2. 称谓

标题下顶格写对听众的称呼。称谓视到会对象而定，如"各位代表""朋友们""女士们、先生们""老师们、同学们"等。称谓后面用冒号。也有开始不用称谓，中间才出现的。

3. 正文

另起一行空两格写正文。凡开幕词，正文的第一句话都是郑重宣布"××大会"或"××活动"在什么时间、地点、什么条件下"开始举行"或"正式开幕"，以引起与会者的注意和重视。接着写会议或活动的目的、意义、任务，参加者的有关情况,会议的议程等。其表达方式主要是说明、议论,行文短小精悍,语言简洁有力。正文的结束一般都使用祝贺的话,或用鼓动性的语言发出号召,最后常用"预祝大会圆满成功"作结。

致开幕词的时间,一般放在标题下面一行,并用圆括号括起来,也有把时间放在末尾右下角的,也有前后都不写时间的。

【案例展示】

为本校拟写的运动会开幕词如下:

2019学校运动会开幕词

全体运动员、教练员、裁判员、老师们、同学们:

大家上午好!在这春意盎然、充满生机、满怀希望的美好季节,我们全校师生,精神饱满,欢聚一堂,以无比喜悦的心情,迎来了2019年春季田径运动会的召开。让我们以最热烈的掌声,对本次春季田径运动会的召开,表示最真诚的祝贺!对为这次体育盛会召开做出贡献的师生们表示衷心的感谢!向全体运动员、教练员、裁判员表示诚挚的问候!

几年来,我校全面贯彻党的教育方针,努力实施素质教育,积极开展体育活动,促进学生全面发展。学校教学成绩和体育运动水平全面提升,受到了上级领导的肯定,赢得了社会各界的广泛认同,学校面貌焕然一新,教育事业蓬勃发展,我校正在步入健康、协调、可持续发展的轨道。

本次体育盛会的召开,是对我校体育运动水平的一次大拉练,是对我校师生精神风貌的一次大检阅,是对我校素质教育成果的一次大展示。

为了成功举办这次运动会,学校对大家提出几点要求和希望:

1. 全体运动员要发扬"友谊第一,比赛第二"的体育道德风尚,服从裁判,公平竞赛,赛出风格,赛出水平,展现良好的精神风貌,为班级增光、为学校添彩!

2. 全体裁判员要秉公执法,认真裁判,严格履行岗位职责,努力做到客观、公正、公平、公开。

3. 全体班主任教师,做好学生的组织管理工作,做好安全卫生、组织纪律教育工作,确保良好稳定的大会秩序!

4. 全体工作人员要履职尽责,各司其职,圆满完成工作任务。

5. 全体同学要树立服务意识、集体意识、大局意识,发扬奉献精神、团队精神,为运动员做好后勤保障和服务工作,为他们加油鼓劲、呐喊助威,争创精神文明代表队,争取比赛成绩和精神文明双丰收!

最后,预祝本次春季田径运动会取得圆满成功!

谢谢大家!

【能力训练】

1. 联系自身实际,谈谈怎样才能写好开幕词。
2. 为什么开幕词的写作有许多表示谢意的语言?
3. 我市一年一度的焊接技能节即将开幕,我校作为优秀参赛学校,承办这次开幕式。焊接技能节上,各校会进行焊接工艺比赛,促进焊接工艺的发展,激发学生的学习积极性,优秀的学校代表队还会作为市级代表参加省级比赛。请你为本次开幕式写一篇开幕词。

第三节 闭幕词

【学习目标】

1. 了解闭幕词的概念与特点。
2. 掌握闭幕词的格式和写法。
3. 学会根据会议内容写作简单的闭幕词。

【案例导入】

学院第 26 届运动会即将闭幕,院领导将向大会致闭幕词。院里请小王结合运动会的实际情况,为领导草拟一份闭幕词。

【范例感知】

在"一带一路"国际合作高峰论坛圆桌峰会上的闭幕词

(2017 年 5 月 15 日,北京)

中华人民共和国主席 习近平

各位同事:

刚才,我们完成了最后一个阶段会议的讨论,"一带一路"国际合作高峰论坛圆桌峰会即将闭幕。

为了本次会议,大家怀着增进友谊、促进合作、谋求发展的真诚愿望,从世界各地会聚北京。在热烈、友好、融洽的气氛中,我们围绕会议的主题议题畅所欲言,各抒己见,分享政策实践和合作体会,展望未来愿景和努力方向,提出了很多好建议、好点子。

对会议议程而言,一天的时间显得紧张了些,但我们直奔主题,谈得务实充分，既有深度，也有广度，收获了丰富成果。具体而言，我们在以下几个方面形成了广泛共识。

第一，我们致力于推动"一带一路"建设国际合作，携手应对世界经济面临的挑战。大家积极评价"一带一路"建设国际合作取得的进展，认为在当前世界经济形势下，"一带一路"建设对于挖掘新的经济增长点、增强各国内生发展动力、促进全球经济增长具有重要意义，有利于推动经济全球化向包容普惠方向发展。我们愿继续努力，推动"一带一路"建设取得更大进展，让各国政策沟通更有力，设施联通更高效，贸易更畅通，资金更融通，民心更相通。

第二，我们支持加强经济政策协调和发展战略对接，努力实现协同联动发展。大家在这方面有高度共识，都希望通过开展"一带一路"建设国际合作，形成政策协调、规划对接的合力。我们同意加强经济、金融、贸易、投资等领域宏观政策协调，共同营造有利的外部发展环境。我们支持构建开放型世界经济，推动自由贸易区建设，促进贸易和投资自由化便利化。我们期待围绕各自国家的发展战略以及国际和地区组织制定的合作规划加强有效对接，优势互补，协同并进。我们都重视创新发展，支持在跨境电子商务、大数据、智慧城市、低碳发展等前沿领域加强合作，培育新产业、新业态、新模式，挖掘增长新动力。

第三，我们希望将共识转化为行动，推动各领域务实合作不断取得新成果。大家都认为，互联互通有助于打破制约经济发展的瓶颈，对增强各国发展动力、改善民众福祉具有重要意义。"一带一路"建设国际合作要继续把互联互通作为重点，以重大项目和重点工程为引领，推进公路、铁路、港口、航空、油气管道、电力、通信网络等领域合作，打造基础设施联通网络。我们决定继续积极推进经济走廊建设，办好经贸、产业合作园区，加强国际产能和装备制造合作，推动实体经济更好更快发展。我们都重视投资和融资合作，支持扩大相互金融市场开放，鼓励开发性金融机构发挥重要作用，努力构建稳定、可持续、风险可控的金融保障体系。

第四，我们期待架设各国民间交往的桥梁，为人民创造更美好的生活。我们都认为，文明交流互鉴是古丝绸之路留下的精神财富，民心相通应该成为"一带一路"建设国际合作的重要组成部分。我们愿探讨多层次、宽领域的人文合作，加强教育、科技、文化、卫生、旅游、体育等领域交流合作，搭建更多合作平台，开辟更多合作渠道。我们愿积极创造条件，让社会各阶层、各群体都参与到合作中来，营造多元互动、百花齐放的人文交流局面。我们将顺应人民期待，加强环境保护、应对气候变化、反腐败等领域合作。我们还将完善签证便利化举措，让各国民间往来更顺畅、更舒心。

第五，我们坚信"一带一路"建设是开放包容的发展平台，各国都是平等的参与者、贡献者、受益者。我们将以海纳百川的胸襟，坚持共商、共建、共享原则，相互尊重、民主协商、共同决策，在开放中合作，在合作中共赢。大家充分肯定"一带一路"国际合作高峰论坛的作用。我愿在此宣布，中国将在2019年举办第二届"一带一路"国际合作高峰论坛。

本次高峰论坛为各方推进务实合作提供了平台。论坛期间，我们签署多项合作协议，达成多个合作项目，提出一系列合作举措。在这个基础上，我们汇总形成了成果清单，将在论坛闭幕后发布。相信这些成果将成为"一带一路"建设国际合作的有力支撑。

各位同事！

历史总是伴随着人们追求美好生活的脚步向前发展的。回首两千多年前，我们的先辈们正是迈着这样的脚步，靠着坚韧不拔的进取精神，开辟出联通亚欧大陆的丝绸之路，强有力地推动了人类文明发展进步。

今天，"一带一路"建设把沿线各国人民紧密联系在一起，致力于合作共赢、共同发展，让各国人民更好共享发展成果，这也是中方倡议共建人类命运共同体的重要目标。我们携手推进"一带一路"建设国际合作，让古老的丝绸之路重新焕发勃勃生机。新的起点上，我们要勇于担当，开拓进取，用实实在在的行动，推动"一带一路"建设国际合作不断取得新进展，为构建人类命运共同体注入强劲动力。

在会议闭幕之际，我向大家再次表示感谢。感谢你们对我本人和中国政府的信任，感谢你们在会议筹备和举办期间给予中方的大力支持。

最后，我宣布，"一带一路"国际合作高峰论坛闭幕！

【知识点睛】

闭幕词是指在大会或其他较为隆重的会议结束时，有关领导或德高望重者向会议所作的具有总结性、评价性、号召性的讲话，其目的在于总结会议成果，祝贺大会成功结束。

一、闭幕词结构

（1）标题可直接写"闭幕词"三个字，也可以在"闭幕词"前写明会议、活动名称。

（2）称呼与开幕词使用相同，顶格写。

（3）正文首先要简明地回顾会议的全过程，着重明确会议各主要议程，并加以纲领性的评价。其次对如何贯彻会议精神，部署下一阶段的工作任务，提出切实可行的意见。

（4）结束语多采用号召性的语句，号召与会人员完成会议提出的各项任务，增强贯彻会议精神的决心和信心。

二、闭幕词写作注意事项

闭幕词与开幕词一样，具有简明性和口语化的特点，因此，结构必须简单明了、条理清晰，语言要通俗易懂。闭幕词是对会议、活动的总结，因此语言应当高度概括，篇幅应当短小精悍，切忌繁杂冗余。闭幕词具有一定的号召性，旨在调动与会人员的积极性，因此行文应当充满热情，语言坚定有力，富有鼓动性和号召性。

【案例展示】

小王拟写的运动会闭幕词如下：

闭 幕 词

老师们、同学们：

　　大家好！

　　经过两天的激烈拼搏，本届运动会就要胜利闭幕了。在此，我谨代表学校向在运动会上取得优异成绩的班级和运动员表示热烈的祝贺，向辛勤工作的裁判员和全体工作人员，特别是体育老师和学生义工表示衷心的感谢！

　　本届运动会是我院参赛人数最多、规模最大的一次运动会。这既是对我校体育工作的一次大检阅，又是对全校师生身体素质、运动技能、意志品质等综合素质的检验。运动会期间，整个会场秩序井然，赛事高潮迭起，全体裁判员尽职尽责，全体运动员努力拼搏，积极进取，赛出了风格，赛出了水平，展示了更快、更高、更强的体育精神，取得了比赛成绩和道德风尚双丰收的硕果。更值得赞赏的是，机械学院的军体拳表演，打出了军人的威武，展示了青年学生朝气蓬勃的青春风采，为运动会描绘了一幅亮丽的风景；电气学院入场式上气势如虹的出色表现，彰显了他们昂奋、激越、向上的精神风貌，震撼人心，催人奋进。可以说，本届运动会是一次隆重、热烈、精彩、圆满的体育盛会。校运会的成功举办，增强了全校师生的自信心和自豪感，大大提升了全校师生的凝聚力和战斗力，增强了全校师生团结一致谋发展的责任感和决心，必将成为促进学校各项工作全面发展的强劲动力。

　　发展体育运动，增强人民体质，是实现民族强盛、国家振兴的重要基础，是社会文明进步的重要标志。全民健身，利国利民，功在当代，利在千秋。教育的宗旨就是以人为本，全面提高人的基本素质。学校希望全体师生进一步增强健身意识，强体魄，精技能，优品质，活出生命的精彩，书写人生的辉煌。

　　谢谢大家！

【能力训练】

1. 联系自身实际，谈谈怎样才能设计好闭幕词。

第五章 礼仪文书

2. 学校为了扩大影响，与社会各界增强联系，同时举办今年的招生咨询会，举行了为期两天的校园开放日。请你为开放日活动写一份闭幕词。

第四节 邀请函

【学习目标】

1. 了解邀请函的概念及适用场景。
2. 掌握邀请函的结构与写法。
3. 能够根据不同需求写作简单的邀请函。

【案例导入】

××大学60周年校庆即将到来，这次校庆对学校来说有重大意义，为了隆重地迎接这次校庆，学校打算邀请嘉宾以及校友代表参加，团委老师让你拟写一份邀请函。

【范例感知】

例文1

搬迁邀请函

××单位：

感谢您一直以来对本公司的关心和支持，使公司业务得以蓬勃发展，现公司已迁至××市××区××路××号，诚邀请贵单位在××××年××月××日××时参观公司新址，并赴本公司的庆典午宴。

敬请光临！

××单位

××××年××月××日

例文2

幼儿园学校活动邀请函

亲爱的家长朋友们：

又是一年春花烂漫时，孩子们最快乐的节日——"六一"国际儿童节来到了，让我们由衷地对孩子们说一声："节日快乐！"祝愿孩子们在我们的呵护培养下健康、快乐、茁壮成长！为了让孩子们在自己的节日中快乐地展现自我，体验成功，感悟成长，我园定于5月28日在本园举行庆"六一"联欢活动。今年的活动充分体现"我健康、我快乐、我成长"的主题，每一个孩子都有上场表演的机会，都是场上的主人、节目的主角。孩子们用投入的表演，庆祝自己的节日，表达内心的情感。相信今年的"六一"会给每位家长和孩子们留下最美好的回忆！

为了确保活动的顺利进行，请家长配合做好以下工作：

1. 每个家庭至少有一人参加活动，最好是爸爸、妈妈都参加。

2. 请在指定位置观看节目。本次活动将邀请专业摄影师全程摄影，如有需要，可登记购买。

3. 活动过程中，不要随意在场上走动、喧哗，请注意保持会场秩序，服从我园的会场管理，听从老师的安排。

4. 请您和孩子共同保持现场环境的整洁。

孩子们的舞台需要您的掌声，孩子们的快乐将与您共同分享！让我们与孩子们共同欢度这个美好的节日吧！

××实验幼儿园

2019年5月20日

【知识点睛】

一、邀请函的概念

邀请函是对对方发出邀请时使用的专门礼仪信函，具有请约性质，邀请对方前来参加某项实质性的活动，如学术研讨会、展销订货会等。在当今社会的公共关系中，邀请函的应用非常广泛而频繁，是社会礼仪交际的重要媒介和平台。它可以当面呈送，可以通过邮局寄出，也可通过电子邮件发送，形式较为自由。

二、邀请函的分类

邀请函一般可分为个人信函和商务信函两大类。

1. 个人信函

个人信函一般是请某人参加宴会、出席典礼、观看竞赛表演等。

2. 商务信函

商务信函一般是邀请某人参加重要商务会议、学术活动等。

三、邀请函的格式与写作方法

邀请函由标题、称谓、正文、敬语、落款组成。整体要简洁明了，看懂就行，文字不要太多。

1. 标题

标题可以只写"邀请函",字体比一般标题字体略大。标题也可由事由加文种名组成,还可包括个性化的活动主题标语,如"网聚财富主角阿里巴巴年终客户答谢会邀请函",其中"网聚财富主角"是活动主题标语,"阿里巴巴年终客户答谢会"是事由。

2. 称谓

邀请函的称谓使用"统称",并在统称前加敬语,如"尊敬的×××先生/女士"或"尊敬的×××总经理(局长)"。

3. 正文

邀请函的正文是指商务礼仪活动主办方正式告知被邀请方举办礼仪活动的缘由、目的、事项及要求,写明礼仪活动的日程安排、时间、地点,并对被邀请方发出得体、诚挚的邀请。

正文一般分为三个自然段。第一段开头语;第二段写明活动举办的缘由、时间、地点、活动安排;第三段结束语。若是需要详细说明的,如座次表等,可以在邀请函后另附纸张说明。

正文结尾一般要写常用的邀请惯用语,如"敬请光临""欢迎光临"等。

4. 敬语

敬语一般用"敬请光临""敬请指导"等,有时也可用"此致　敬礼""顺致节日问候"等,表达尊敬之意。

5. 落款

落款要写明邀请人的姓名或礼仪活动主办单位的全称和成文日期。

知识链接

函

函是平行机关和不相隶属机关之间相互商洽工作、询问和答复问题时所使用的一种公文。函作为公文中唯一一种专用平行文种,适用范围相当广泛,如调动干部、联系参观学习、联系业务、邀请参观指导、询问疑难等。函具有沟通性、灵活性、单一性(一事一函)。例如,学校联系某单位让学生参观学习,就应该使用"函"这一文体,对方答复的文件相应地称为"答复函"。

【案例展示】

帮老师拟写的邀请函如下:

校庆邀请函

　　悠悠六秩风华，漫漫征程如歌。××年××月，××大学将迎来60周年华诞。值此喜迎校庆之际，谨向多年来一直关心、支持××大学建设和发展的各级领导、专家学者、各界朋友、广大校友致以最诚挚的问候和最崇高的敬意！

　　60周年华诞是××大学发展史上的重要里程碑，是校友宾朋欢聚的盛大节日，更是学校开放办学改革发展的一个新起点。学校将于校庆期间举行系列活动，诚邀您出席校庆庆典大会、校庆文艺晚会及相关活动，与全校师生共襄盛典。如蒙应允，请于9月10日前以回执告知，以便安排接待等事宜；如不能亲临，请将贺电、贺信惠寄校庆办公室，或电话、传真告知。

　　敬颂

　　　时祺！

　　　　　　　　　　　　　　　××大学党委书记：××

　　　　　　　　　　　　　　　××大学校长：××

　　　　　　　　　　　　　　　校庆事宜联系电话：××××××××

　　　　　　　　　　　　　　　××××年××月××日

【能力训练】

1. 邀请函由几部分构成？请简单叙述。

2. 学生会即将举办"五四"青年节演讲比赛，邀请学校张校长观赛并担任裁判，请你拟写一份邀请函。

第五节　悼　词

【学习目标】

1. 了解悼词的概念与分类。
2. 掌握悼词的写法。
3. 能够根据逝者情况写作简单的悼词。

【案例导入】

　　晏某是白云企业的总经理，多年来一直勤恳工作，为公司做出了卓越贡献。2018年，晏某因过度劳累引发心脏病与世长辞，公司治丧委员会为其召开追悼会，请你作为代表致悼词。

【范例感知】

例文1

邓小平同志追悼大会上的悼词（节选）
江泽民
（1997年2月25日）

同志们、朋友们：

今天，我们在首都人民大会堂隆重举行追悼大会，极其沉痛地悼念敬爱的邓小平同志。我国辽阔疆域各个地方的工厂、农村、商店、学校、连队、机关、街道的广大人民群众，此时此刻，也都同我们一道，缅怀邓小平同志的丰功伟绩和崇高风范，寄托我们的哀思。

几天来，全国各族人民，包括香港同胞、澳门同胞、台湾同胞以及海外侨胞，为中国失去了邓小平这样一位伟大人物，感到无限悲痛。世界人民，各国领导人和各方面国际朋友，也为世界失去了邓小平这样一位伟大人物，表示深切哀悼。

中国人民爱戴邓小平同志，感谢邓小平同志，哀悼邓小平同志，怀念邓小平同志，是因为他把毕生心血和精力都献给了中国人民，他为中华民族的独立和解放、为中国的社会主义现代化事业建立了不朽的功勋。邓小平同志创立的建设有中国特色社会主义理论和在这个理论指导下制定的党的基本路线，是我们必须遵循的行动指南。在跨越世纪的新征途上，更高地举起邓小平建设有中国特色社会主义理论的伟大旗帜，更好地贯彻执行党的基本路线，是我们党中央领导集体坚定不移的决心和信念，也是全党全军全国各族人民的共识和愿望。

···········

同志们、朋友们！十四大以来，党中央高举邓小平建设有中国特色社会主义理论的伟大旗帜，领导全党全军全国各族人民，全面贯彻执行党的基本路线，抓住机遇，深化改革，扩大开放，促进发展，保持稳定，在以经济建设为中心的同时坚持物质文明和精神文明建设两手抓，实现了国民经济持续、快速、健康发展，提前达到邓小平同志为我们确定的"三步走"发展战略中的第二步战略目标，制定和开始执行国民经济和社会发展的"九五"计划和2010年远景规划。现在，正在为迎接党的十五大的召开，努力做好各方面的工作。邓小平同志和我们永别了。他的英名、业绩、思想、风范将永载史册，世世代代铭刻在人民的心中。在党中央坚强领导下，全党全军全国各族人民一定能够继承邓小平同志的遗志，坚定不移，满怀信心，把邓小平同志开创的建设有中国特色社会主义的伟大事业推向前进，把我国建设成为富强、民主、文明的社会主义现代化国家。

邓小平同志永垂不朽！

例文 2

在李鹏同志追悼大会上的悼词（节选）

2019 年 7 月 24 日

　　李鹏同志的一生，是革命的一生、战斗的一生、光辉的一生，是全心全意为人民服务、为共产主义事业奋斗的一生。

　　李鹏同志 1928 年 10 月生，四川成都人。他出身革命家庭，幼年时父亲英勇就义，少年时期受家庭影响，主动接受革命思想，立志投身革命事业。1941 年 3 月，他到延安参加革命工作，接受革命理论和科学文化知识教育，1945 年 11 月加入中国共产党。解放战争时期，他响应党组织号召奔赴前线，历任晋察冀电业公司技术员，哈尔滨油脂厂协理、党支部书记。1948 年 9 月，根据党组织安排到苏联留学。1955 年回国后，他主动要求到基层工作，历任丰满发电厂副厂长、总工程师，东北电业管理局副总工程师、调度局局长，阜新发电厂厂长。1966 年至 1979 年，历任北京供电局党委代理书记、革委会主任，北京电业管理局局长、党组书记。"文化大革命"期间，受到冲击，但他坚持党性原则，实事求是，进行斗争。1979 年 4 月起，历任电力工业部副部长、党组成员兼华北电业管理局党组书记，电力工业部部长、党组书记，水利电力部副部长、党组副书记，他创造性地贯彻党中央"电力要先行"战略，提出电力适度超前发展，推动我国在电站建设和电力生产、电网管理等方面取得长足进步，是我国电力工业的杰出领导人、核电事业的重要开创者。1983 年 6 月，李鹏同志任国务院副总理，1985 年 9 月在中共十二届五中全会上增选为中央政治局委员、中央书记处书记。他分管能源、交通、重点建设项目等工作，参与研究"七五"计划能源交通方面的发展方针，推动建立综合统一的交通运输体系和基本建设体制改革，加快重大技术装备研制步伐。1987 年 11 月，李鹏同志在中共十三届一中全会上当选为中央政治局委员、常委，同月在六届全国人大常委会第二十三次会议上被任命为国务院代总理。1988 年 4 月，在七届全国人大一次会议上被任命为国务院总理。他坚决贯彻治理整顿和深化改革的方针，探索对国民经济进行宏观调控的新手段和新方法，推动我国经济摆脱困境、进入新的发展时期。1989 年春夏之交的政治风波中，在以邓小平同志为代表的老一辈无产阶级革命家坚决支持下，李鹏同志旗帜鲜明，和中央政治局大多数同志一道，采取果断措施制止动乱，平息反革命暴乱，稳定了国内局势，在这场关系党和国家前途命运的重大斗争中发挥了重要作用。1989 年 6 月中共十三届四中全会后，作为以江泽民同志为核心的中央领导集体的重要成员，李鹏同志高举邓小平理论和"三个代表"重要思想伟大旗帜，深入贯彻党的十一届三中全会以来的路线方针政策，为党和国家事业发展殚精竭虑。1992 年 10 月，李鹏同志在中共十四届一中全会上再次当选为中央政治局委员、常委。1993年3月，在八届全国人大一次会议上，他再次被任命为国务院总理。邓小平同志发表南方谈话后，他积极支持、宣传和贯彻邓小平同志改革开放的思想主张，坚决贯彻党的十四大精神，加快社会主义市场经济体制改革步伐，扩大对外开放，加强和改善宏观调控，在党中央领导下主持制定"九五"计划，布局建设一批国家重大项目，推动国民经济持续快速健康发展。1997年9月，李鹏同志在中共十五届一中全会上又一次当选为中央政治局委员、常委。1998年3月，在九届全国人大一次会议上，他当选为全国人民代表大会常务委员会委员长。

到中央工作后，李鹏同志兼任国家教育委员会主任、国务院环境保护委员会主任、中央专委会主任、国家科技领导小组组长、中央外事工作领导小组组长等，在科技、教育、环保、外交和国防工业等领域倾注了大量心血。他贯彻"科学技术是第一生产力"思想和优先发展教育战略，大力推进科技体制、教育体制改革，认真落实知识分子政策，提高了国家整体科技实力，为改革开放各条战线输送了大批人才。他强化环境管理，在实践中完善环境保护基本国策和"三同步""三统一"战略方针，为初步走出一条具有中国特色的环境保护道路做出重要贡献。他坚决贯彻执行独立自主的和平外交政策，高举和平共处五项原则旗帜，组织、参与大量卓有成效的双边、多边外交活动，为开创全方位外交新格局做出重要贡献。他坚决贯彻中共中央关于统一战线和人民政协的方针政策，贯彻"一国两制"方针，参与领导香港、澳门回归各项工作。他在三峡工程科学民主决策和建设中发挥了重要作用，积极支持推动我国载人航天事业发展。

…………

李鹏同志的一生，是革命的一生、战斗的一生、光辉的一生，是全心全意为人民服务、为共产主义事业奋斗的一生。他的逝世，是党和国家的重大损失。我们要学习他的革命精神、崇高品德和优良作风，更加紧密地团结在以习近平同志为核心的党中央周围，不忘初心、牢记使命，为决胜全面建成小康社会、夺取新时代中国特色社会主义伟大胜利、实现中华民族伟大复兴的中国梦而努力奋斗。

李鹏同志永垂不朽！

【知识点睛】

一、悼词的概念

悼词是对逝者表示哀悼的话或文章，有广义和狭义之分。广义的悼词是指向死者表示哀悼、缅怀与敬意的一切形式的悼念性文章，也可成为书面体悼词。狭义的悼词是专指在追悼会上人宣读的生者对死者寄托哀思的哀悼文稿，又称为宣读体悼词。

二、悼词的基本格式

书面体悼词一般没有固定的格式,但宣读体悼词形式却相对稳定。这里主要介绍宣读体悼词的格式写法。宣读体悼词主要由三部分构成。

1. 标题

标题的组成方式有两种情况。一种是直接由文种名称承担标题,如"悼词";另一种由死者姓名和文种名共同构成,如"在宋庆龄同志追悼会上的悼词"。

2. 正文

悼词的正文通常由开头、中段、结尾三部分构成。

(1) 开头。以沉痛的心情说明召开或参加此次追悼会的目的,尽可能全面而准确地说明死者的姓名、籍贯、职务、家庭情况等,以示尊崇,要注意这些内容之间的先后排列顺序。接着简要地概述死者何年何月何日何时因何与世长辞,以及所享年龄等。

(2) 中段。承接开头,缅怀死者。这是悼词的主体部分。该部分主要由两方面内容组成。一是介绍死者的生平事迹,即对死者的学历、工作经历以及生平业绩进行集中介绍,应突出死者对人民、对社会的贡献。二是对死者的思想、精神、作风、品质、修养等做出综合的评价,介绍其对他人和社会产生的积极影响,如鼓舞、激励了青年人,为后人树立了榜样等。

(3) 结尾。主要写明生者对死者的悼念及如何向死者学习,继承其未竟的事业,化悲痛为力量,为国家、为社会做出更大的贡献等。最后要写上"永垂不朽""精神长存"之类的话。需要注意的是,悼词的结尾要积极向上,不应该是消极的。所以最后的结尾尽量不用"安息吧"这句话,因为"安息吧"是西方天主教为死者举行仪式时用的一句话,这里面含有人生在世是痛苦的,只有死后才能幸福的消极思想。

3. 落款

悼词一般在开头就已介绍了参加追悼会的人员情况,所以最后落款一般只署上成文的日期即可。

三、注意事项

(1) 宣读体悼词是对参加追悼会的同志的讲话,而不是对死者的讲话,因而应该表达在场的全体人员对死者的敬意与哀思,并勉励大家学习死者的优点,化悲痛为力量。

(2) 宣读体悼词应以记叙和议论死者的生平业绩为主,而不宜以个人抒情为主。

(3) 评价死者时,应多一些赞美之词,以告慰死者的亲属。死者生前的缺点、错误等,不宜写入悼词。

（4）措辞要简练、庄重、质朴、自然、饱含深情。

（5）初稿写成后，一般还要请领导集体研究，而后再征求死者家属意见。修改妥当后，才能在追悼会上宣读。

【案例展示】

为晏总经理拟写的悼词如下：

悼　词

同志们、朋友们，今天，我们怀着沉痛的心情在这里深切悼念晏总经理。晏总经理因工作过度劳累引发心脏病，于2018年9月15日上午9时20分，在人民医院与世长辞，终年52岁。

晏总经理1966年8月生于吉林省长春市，1992年到我们企业工作，先后担任财务科科长、工会副会长、销售部经理、公司总经理职务。晏总经理工作以来一直勤勤恳恳、兢兢业业，对企业无私奉献、任劳任怨。他极富创新和改革精神，为企业攻克了一个又一个难题，为公司的壮大和发展起到了不可估量的作用，受到了全体员工的一致尊重和爱戴。特别是当公司遭受经济危机，发展跌入低谷时，晏总经理临危受命，根据当时的经济形势，利用新技术，开发新产品，使公司免遭劫难。正当公司事业蒸蒸日上之时，晏总经理却因长期劳累过度，永远地离开了我们。我们痛失了一位好领导，企业界失去了一位好朋友。

在这悲痛的日子里，我们的哀悼之情难以用言语表达，但我们要化悲痛为力量，牢记晏总经理的先进事迹，学习和发扬晏总经理的精神，为企业的发展贡献自己的力量。

晏总经理的精神常在！

2018年10月8日

【能力训练】

2015年8月12日23：30左右，天津滨海新区第五大街与跃进路交叉口的一处集装箱码头发生爆炸，发生爆炸的是集装箱内的易燃易爆物品。现场火光冲天，附近居民能听到巨大的爆炸声，有强烈震感。本次事故中爆炸总能量约为450吨TNT当量，造成165人遇难（其中参与救援处置的公安现役消防人员24人、天津港消防人员75人、公安民警11人，事故企业、周边企业员工和居民55人），8人失踪（其中天津消防人员5人，周边企业员工、天津港消防人员家属3人），798人受伤（伤情重及较重的伤员58人、轻伤员740人），304幢建筑物、12428辆汽车、7533个集装箱受损。

天津市公安消防总队保税支队天保大道中队是此次爆炸事件中最早进行救援的支队之一。2015年8月13日晚上，消防员袁海去给作战车送录像机，因为要做好火场记录，结果遇到了爆炸，袁海不幸牺牲。袁海，男（1997年9月—2015年8月13日），2014年9月入伍，列兵警衔，牺牲时还不到18岁。据战友回忆说，袁海在去火场的路上给战友发信息说："我在车上，去塘沽。我回不来，我爸就是你爸，记得给我妈上坟。"对方回应道："好，你爸就是我爸，你小心！"

请你根据以上材料，为袁海写一篇悼词。

第六章 职场文书

职场文书是指在求职过程中及入职工作后所涉及和使用的能反映个人信息、资料、求职意向等的书信或书面材料。它能反映出求职者的求职目的、求职意愿，展示求职者的个人才能，便于用人单位了解求职者的基本情况和个人能力，从而给出相应的职位。本章主要介绍自我介绍、求职信、个人简历、竞聘词和劳动合同的写法。

第一节 自我介绍

【学习目标】

1. 掌握自我介绍的定义与方法。
2. 能够娴熟地进行自我介绍。
3. 能够撰写自我介绍，并依据面试礼仪要求进行展示。

【案例导入】

张宇阳是杭州市萧山区第一中等职业学校汽修专业的一名应届毕业生。在一次求职面试中，面试人员要求他进行简短的自我介绍，请你帮他设计一份合适的自我介绍。

【范例感知】

求职面试自我介绍

我叫×××，就读于××学校，专业方向是信息与系统。

我的职业理想是成为一名优秀的网络工程师，所以我选择了××学校，选择了我现在的专业。我希望未来成为这方面的专家。为了实现这个梦想，我特别注重与此相关的专业课程的学习，也取得了很好的成绩。在校学习期间，我积累了许多相关领域的经验，也锻炼了自己的实际动手能力，使我更进一步接近我的梦想。

在课余时间，我积极参加各种活动，如歌唱比赛、学校交谊舞会、户外徒步露营、骑自行车旅行等。我是一个比较外向的人，喜欢与人交流。同时，我是一个有强烈进取心的人，期望每天都能做更好的自己，所以常常找出自己的不足，并且加以改进。

我非常喜欢旅行，因为我总能在一个新的地方发现有趣和令人兴奋的事情。我知道这份职业需要经常出差，但是我能享受它。

我认为一份职业要符合自己的兴趣和性格，能充分发挥自己的特长，这样才能够以全部的热情投入工作，享受自己所从事的事业，最终获得成功。通过对自己的综合分析，我相信我适合这份职业，热爱这份职业并且能干好它。贵公司又是如此优秀和受人尊敬的公司，我梦想在这里工作。

这就是我来到这里应聘这份工作的原因。谢谢！

【知识点睛】

一、自我介绍的概念

介绍是对人、事、物作口头的描述、说明或评价，或是从中沟通，使双方建立关系。介绍是社交场合中相互了解的基本方法。通过介绍，人们之间可以缩短距离，以便更好地交谈、更多地沟通和更深入地了解。

自我介绍是向别人展示自己。自我介绍好不好，直接关系到你给别人的第一印象的好坏及以后交往的顺利与否。同时，自我介绍也是促进一个人认识自我的手段。

二、自我介绍的分类

自我介绍根据介绍人的不同，可以分为主动型自我介绍和被动型自我介绍两种类型。

1. 主动型自我介绍

主动型自我介绍是指在社交活动中，在欲结识某个人或某些人却无人引见的情况下,即可自己充当自己的介绍人,将自己介绍给对方。

2. 被动型自我介绍

被动型自我介绍是指在诸如面试等情景中,按要求将自己某方面的具体情况进行介绍。

三、自我介绍的内容

自我介绍的内容包括本人姓名、供职的单位及部门、担任的职务或从事的具体工作等三项,又叫工作式自我介绍内容的三要素,通常缺一不可。

1. 姓名

应当一口报出,不可有姓无名,或有名无姓。

2. 单位

单位及部门,最好全部报出,具体工作部门有时可以暂不报出。

3. 职务

担任的职务或从事的具体工作,有职务最好报出职务,职务较低或者无职务,则可报出目前所从事的具体工作。如:"我叫唐果,是大秦广告公司的公关部经理。"

四、自我介绍的设计

进行自我介绍时,首先要认清自我,要想明白以下三个问题:你是谁?你过去是干什么的?你将来想做什么?

这三个问题不是按时间顺序从过去到现在再到将来,而是从现在到将来再到过去。其奥妙在于:如果你被雇用,雇主选中的是现在的你,他希望利用的是将来的你,而这将来又基于你的历史和现状。

所以,第一个问题的要点,你是你自己,不是别的什么人。你把自己与别人区别开来,在共同点的基础上更强调不同点,这样你才能在众多的应征者中脱颖而出。对于第一个问题,自我反省越深,自我鉴定就越成功。

然后,再着手回答下一个问题:"你过去是干什么的?"你的过去自然已在履历上有反映。你在面试中再度回答这个问题时,不要介绍一个与你的将来毫不相干的过去。如果你曾经改行,更要在描述你的执着、职业目标的一贯性上下些功夫,同时还应忠实于本人的实际情况。最简单的方法是:找到过去与将来有联系的方面,收集过去的资料,再按与将来目标相关的主次进行排列。

最后一个问题:你将来想做什么?代表你的职业理想。在这个部分,你应该介绍自己对应聘职位、行业的看法和理想,包括你的职业生涯规划、对工作的兴趣与热情、未来的工作蓝图、对行业发展趋势的看法等。在介绍时,你还要针对应聘职位合理编排每部分的内容。与应聘职位关系越密切的内容,介绍的次序越靠前,介绍得越详细。

面试的时候要做好自我分析，以现在为出发点，以将来为目标，以过去为证实，将这三个问题的内在联系点体现在自我介绍中。

五、自我介绍的要点

1. 投其所好

自我介绍一般用于面试之时，而面试时间一般不会太长，要学会结合招聘内容，有的放矢地进行自我介绍。如果应聘的是一家计算机软件公司，应说些与计算机软件有关的话题；如果应聘的是一家金融财务公司，可交流有关金融方面的信息。总之要能够投其所好，可以从自己将来可对该公司做出的贡献方面选择话题，如开发新软件、增加营业额、减低成本、发掘新市场等。

2. 注意介绍次序

介绍内容的次序也极其重要，是否能吸引听众的注意力，就在于所介绍内容的编排方式是否合理。所以排在首位的，应是你最想他人了解并记住的事情，比如你的某一技能、突出成就、专业知识等。与此同时，你可以简单展示自己的作品和成果，增加印象分。

3. 充分的信心

自我介绍时要有充分的信心。想让招聘者欣赏你，就必须明确地告诉他们你具有应聘职位必需的能力与素质以及发展潜力，而只有你对此有信心并表现出这种信心后，你才能更好地向别人证明自己。

特别要指出的是，自我介绍时重点介绍客观存在的事实，少用自己的主观评论，不要过于夸大自己，也不要过于贬低自己。说话语气要平和而坚定，不卑不亢，尽可能在最短的时间里表现出自身所具备的描述与概括、语言表达、交往沟通等能力，展现良好的精神风貌。另外，谈过特长优点后，也可谈些自己的缺点，但一定要强调自己克服这些缺点的愿望和为之所做出的努力。

六、常见的自我介绍考题分析

1. 请你自我介绍一下

（1）这是面试的必考题目。
（2）介绍内容要与个人简历相一致。
（3）表述方式要尽量口语化。
（4）要切中要害，不谈无关、无用的内容。
（5）条理要清晰，层次要分明。
（6）事先最好以文字的形式写好背熟。

2. 谈谈你的家庭情况

（1）家庭情况对于了解应聘者的性格、观念、心态等有一定的作用，这是招聘单位问该问题的主要原因。

（2）简单地罗列家庭人口。
（3）宜强调温馨和睦的家庭氛围。
（4）宜强调父母对自己教育的重视。
（5）宜强调各位家庭成员的良好状况。
（6）宜强调家庭成员对自己工作的支持。
（7）宜强调自己对家庭的责任感。

3. 请你简明地评价一下自己，你准备用哪些词形容

大多数人答出的都是 3~4 个词，且缺少关于缺点的表述。较好的回答应该在 8 个词左右，这些词都应是词性比较强烈的，其中也应包括 1~2 个可以被称为缺点的中性词，如完美主义、太过随和显得软弱等。

4. 你认为自己最大的缺点是什么

（1）不宜说自己没缺点。
（2）不宜把那些明显的优点说成缺点。
（3）不宜说出严重影响所应聘工作岗位的缺点。
（4）不宜说出令人不放心、不舒服的缺点。
（5）可以说出一些对于所应聘工作"无关紧要"的缺点，甚至是一些表面上看是缺点，从工作的角度看却是优点的缺点。

5. 哪位人物对你影响最大

从这个问题的回答中，可以看出你将来的职业生涯规划有可能朝哪个方向发展，对你影响大的人物的职业发展，通常都成为你追求的目标。很早就崇拜比尔·盖茨的人可能会有进入计算机领域大展拳脚的目标，或者希望自己也能靠创业发家致富。

一旦你被问到这个问题，那么你应及时想好与之密不可分的另外两个问题："为什么你认为他们对你影响最大？""他们在哪些方面对你影响最大？"此外，类似的连环问题也可能是："你最喜欢哪本书？其中的什么观点最能吸引你？为什么？"对此你一定要思而后言，脱口而出之后又不能自圆其说会很尴尬，也显得浮躁。

6. 说说你迄今为止最感失败的经历及对你的影响

这个问题并非很常见，但能有效反映一个人生命历程的深度和广度。如你只能答出类似高考因未能考到满意的大学而痛哭了好几天，那就容易判断你是一个经历单纯且未感受过逆境的人。

7. 你有什么业余爱好

有些人把招聘公司对爱好的询问简单地理解为用人单位想招聘特长生，这显然是个错觉。如果想要特长生，他们大可不必去职业学校，去体育学院、音乐学院岂不省时省力。其实这个问题的目的，是想借此判断你的性格、涵养、为人以及品德。比如有的人喜欢中长跑，这会让人认为有毅力、有耐力，能够忍受长时间工作。有的人会下围棋，经常看棋谱，说明爱动脑子，善于分析，逻辑性强。

8. 你心目中的英雄是谁

（1）最崇拜的人能在一定程度上反映应聘者的性格、观念、心态，这是面试官问该问题的主要原因。

（2）不宜说自己谁都不崇拜。

（3）不宜说崇拜自己。

（4）不宜说崇拜一个虚幻的或是不知名的人。

（5）不宜说崇拜一个明显具有负面形象的人。

（6）所崇拜的人最好与自己所应聘的工作能"搭"上关系。

（7）最好说出自己所崇拜的人的哪些品质、哪些思想感染着自己，鼓舞着自己。

知识链接一

自我鉴定

一、概念

自我鉴定，也称个人鉴定，是对自己在某一阶段的政治思想、工作业务、学习生活等方面情况进行评价而形成的自我总结文字，具有评语和结论的性质。

二、分类

根据内容来分，自我鉴定可分为综合性自我鉴定和专门性自我鉴定两类。综合性自我鉴定是对自己各方面情况的综合评价，如毕业自我鉴定、职称评审表中的个人总结等。专门性自我鉴定是对自己某一方面的情况进行评价，如实习鉴定、思想汇报等。

三、特点

自我鉴定具有结论性和史料性的特点。

结论性。自我鉴定必须写实，使人看鉴定如见本人，能据之判断你的品质、能力、性格等。自我鉴定实质上是自己给自己的思想、工作、学习、生活等方面的情况下结论，是一种"定性"分析。

史料性。自我鉴定能帮助自己发扬成绩，克服不足，指导今后工作，帮助领导、组织、评委了解自己，作为入党、入团、职称评定、晋升的依据材料。重要的自我鉴定如毕业自我鉴定、评优自我鉴定、职称评审表中的个人鉴定等，要收入个人档案，具有史料价值。

四、写作要领

自我鉴定一般由标题、正文、落款三部分构成。

1. 标题

一般用文种名"自我鉴定""个人鉴定"等字样，但不能只写"鉴定"二字作为标题；也可以在标题中说明鉴定的时间和内容，如"见习期自我鉴定"。如果是填写自我鉴定表格，则不必再写标题。

2．正文

正文一般由前言、优点和成绩、缺点和不足、今后打算四部分构成。

（1）前言。一般说明自我鉴定的背景和目的，常用"本学期培训刚结束，为发扬成绩，克服不足，以利今后的工作学习，特作自我鉴定如下"等习惯用语引出正文内容。

（2）优点和成绩。一般有三种写法：第一种是把整个过程按时间顺序划分成几个阶段来写，每一部分写一个阶段；第二种是分成思想表现、业务工作、学习等几方面逐一写出自己的进步、成绩和经验；第三种是对工作实践进行分析、分条列项，概括出几点规律性的东西。

（3）缺点和不足。一般从主要问题写到次要问题。有的只写主要问题，次要问题一笔带过，或者不写。

（4）今后打算。用简洁明了的语言表明态度，概括今后努力的方向，如"今后我一定……争取进步"等。

3．落款

在正文的右下方写上鉴定人姓名，并注明年、月、日。

五、注意事项

（1）一分为二，实事求是。写自我鉴定，必须从实际出发，如实地反映情况，恰当地分析过去。杜绝一切虚假现象，不能故意拔高。

（2）全面评价，抓住重点。自我鉴定具有评语和结论的性质；同时要根据工作或学习的实际，内容有所侧重，分清主次详略。

（3）条理清晰，用语准确。自我鉴定不只是写给自己看的，有的要向上级汇报，有的要存档，应做到层次清晰、一目了然。语言要准确、简明、生动，尽量不要过于口语化，用语严谨、平实。

知识链接二

面试时如何恰到好处、不失分寸地自我介绍

1．控制时间。进行自我介绍一定要力求简洁，尽可能地节省时间。通常以半分钟左右为佳，如无特殊情况，最好不要长于一分钟。

2．讲究态度。态度要保持自然、友善、亲切、随和，整体上讲求落落大方，笑容可掬，充满信心和勇气。忌讳妄自菲薄、心怀怯懦。要敢于正视对方的双眼，显得胸有成竹，从容不迫。语气自然，语速正常，语音清晰。生硬冷漠的语气、过快过慢的语速，或者含混不清的语音，都会严重影响自我介绍者的形象。

3. 追求真实。进行自我介绍时所表述的各项内容，一定要实事求是，真实可信。过分谦虚，一味贬低自己去讨好别人，或者自吹自擂，夸大其词，都是不可取的。

4. 长短适宜，重点突出，要有中心思想。面试前，对应聘的企业的文化、产品、岗位需要的技能做一定的了解，和招聘人员见面时，根据自己的阅历，对招聘人员的倾向做一个判断，然后组织好自己的语言，在介绍时，通过描述，塑造自己在别人心目中的形象。比如应聘文员，你需要判断那个岗位需要的是细心、热情、文字功底强的人，你就需要在自我介绍中主要介绍你这方面的特点和能力及成绩，不要想着从小学开始一直讲到大学毕业。

5. 介绍最后需要总结，强调你与这个岗位的符合性。比如"我认为我的文字功底很好，也有相关的经验和良好的成绩，我非常符合您的岗位要求"，这样不仅继续提醒考官注意你这方面的能力，也表达出了你非常好的自信和加入公司的兴趣。

6. 切勿有一句答一句，惜字如金，考官面试没多久就会失去兴趣。但是也切勿滔滔不绝，会让人产生你的理解能力有问题和不切实际、浮躁的印象。

7. 准备好的面试介绍，最好找你熟悉的人练习几次，这样不仅会减少紧张感，而且也会得到一些建议。

知识链接三

介绍的礼仪知识

一、为他人介绍

为他人介绍，首先要了解双方是否有结识的愿望；其次要遵循介绍的规则；再次是在介绍彼此的姓名、工作单位时，要为双方找一些共同的谈话材料，如双方的共同爱好、共同经历或相互感兴趣的话题。

1. 介绍的规则

将男士先介绍给女士。如："张小姐，我给你介绍一下，这位是李先生。"

将年轻者先介绍给年长者。在同性别的两人中，把年轻者先介绍给年长者，以示对前辈、长者的尊敬。

将地位低者先介绍给地位高者。遵从社会地位高者有了解对方的优先权的原则，除了在社交场合外，其余任何场合，都是将社会地位低者介绍给社会地位高者。

将未婚的先介绍给已婚的。如两个女子之间，未婚的女子明显年长，则将已婚的介绍给未婚的。

将客人介绍给主人。

将后到者先介绍给先到者。

2．介绍的礼节

（1）介绍人的做法。介绍时要有开场白，如："请让我给你们介绍一下。张小姐，这位是……""请允许我介绍一下。李先生，这位是……"。为他人做介绍时，手势动作要文雅，无论介绍哪一方，都应手心朝上，手背朝下，四指并拢，拇指张开，指向被介绍的一方，并向另一方点头微笑。必要时，可以说明被介绍的一方与自己的关系，以便新结识的朋友之间相互了解和信任。介绍人在介绍时要注意先后顺序，语言要清晰明了，不含糊其词，以使双方记清对方姓名。在介绍某人优点时要恰到好处，不宜过分称颂而导致难堪的局面。

（2）被介绍人的做法。作为被介绍的双方，都应当表现出结识对方的热情。双方都要正面对着对方，介绍时除了女士和长者外，一般都应该站起来，但是若在会谈进行中，或在宴会等场合，就不必起身，只略微欠身致意就可以了。如方便的话，等介绍人介绍完毕后，被介绍人双方应握手致意，面带微笑并寒暄，如"你好""见到你很高兴""认识你很荣幸""请多指教""请多关照"等。如有需要还可互换名片。

二、集体介绍

如果被介绍的双方其中一方是个人，一方是集体时，应根据具体情况采取不同的办法。

1．将一个人介绍给大家

这种方法主要适用于在重大的活动中对于身份高者、年长者和特邀嘉宾的介绍。介绍后，可让所有的来宾自己去结识这位被介绍者。

2．将大家介绍给一个人

这种方法适用于在非正式的社交活动中，使那些想结识更多的自己所尊敬的人物的年轻者或身份低者满足自己交往的需要，由他人将那些身份高者、年长者介绍给自己；也适用于正式的社交场合，如领导者对劳动模范和有突出贡献的人进行接见；还适用于两个处于平等地位的交往集体的相互介绍；开大会时主席台就座人员的介绍。将大家介绍给一个人的基本顺序有两种：一是按照座次或队次介绍；二是按照身份的高低顺序进行介绍。千万不要随意介绍，以免使来者产生厚此薄彼的感觉，影响情绪。

【案例展示】

张宇阳设计的自我介绍如下：

自我介绍

尊敬的领导，您好！我叫张宇阳，是杭州市萧山区××镇人，毕业于杭州市萧山区第一中等职业学校汽修专业。三年前，来到职高学习的事实和我的理想有很大的出入，心情有些低落。但在一段时间后，我认清了事实，很看好汽车业。21世纪是内燃机为主导的世纪，这句话一点都不假，汽车行业的发展，为21世纪插上了腾飞的翅膀。后来，我开始对汽车产生兴趣，用心钻研，三年的职高就是在不断地培养兴趣、不断地学习进步中度过的。今年暑假，我在××公司进行了为期一个月的汽车维修实习，其间学到了很多汽车维护和保养方面的知识。由于我的努力和勤奋，最后得到了公司和学校的好评。我平时也会在节假日做一些兼职，从中也学到了很多与人沟通和推销的技巧。在求学的三年中，我养成了坚强的性格，这种性格使我克服了学习和生活中的一些困难。

面对当今激烈的人才竞争，我很清楚自己知识有限，但我更清楚我有着不甘落后的精神和不断学习、不断提高的愿望。我拥有自己年轻和执着的事业热情，我相信我会做得更好！我热爱汽车行业，所以我这次坚决地选择了××公司。如果这次我有机会被录用的话，我想，我一定能够在工作中得到锻炼并实现自身的价值。谢谢！

【能力训练】

根据自身情况，拟写一份自我介绍，并在适当的场合展示。

第二节　求职信

【学习目标】

1. 了解求职信的概念。
2. 掌握各类求职信的结构与写法。
3. 能够根据不同岗位特点写作求职信。

【案例导入】

赵×是一所高职院校制药专业的大三学生，即将毕业。她每天都会通过各种媒介留意一些单位的招聘信息，了解招聘单位的情况，寻找适合自己的工作岗位。赵×从众多的招聘单位中选择了三精药业，决定写一封求职信表达自己的求职意愿。在求职信中，赵×介绍了自己的基本情况、个人条件和工作愿望。不久，赵×接到了一家公司的面试通知，走上了理想的工作岗位。

赵×是如何起草这封求职信的？

【范例感知】

例文1

求 职 信

尊敬的贵公司领导：

您好！首先感谢您给我这次难得的机会，感谢您在百忙之中抽出时间翻阅我的求职信。由于时间仓促，准备难免有不足和纰漏之处，请予以谅解！

其实，只想抱着一种平静而真诚的心情，把这看作是交流和沟通的平台。真的，这可能是我人生中的又一转折，至少会是人生中一次不一般的经历。

首先，我想表明一下个人的工作态度。也可能是阅历的浅薄吧，一直到现在我都固执地认为，我的工作就是一种学习的过程，能够在工作中不断地汲取知识。当然，钱很重要，不过对我来说，充实而快乐的感觉就是最大的满足了！

如果非要推销自己的话，我的生活经历让自己考虑问题更细致一些。第一，从十六岁开始，一直独自一人在外生活，自理能力不成问题。第二，从中专生至本科生，尤其是到甲级设计院的实习，我更有一种紧迫感、危机感。第三，经历了从设计单位到施工单位的过程，设计单位让我自省，施工单位让我自强。真的很感谢这两种经历，无论从哪方面来说，锻炼价值都是相当大的。在工作中，我一直以本科生的学识、中专生的姿态来要求自己，做到了"三心"，即细心、耐心、恒心；"二意"，即诚意、真意。

当然，自己也并不具备什么压倒性的优势，甚至从某种程度来说，优势即是劣势。虽然不曾离开这个行业，施工和设计都有过一些经历，但都只能说刚刚上道而已。要走的路还很遥远！再者，离开设计也有一段时间了，重新开始又将是一个艰苦的过程！可不管怎么说，只要兴趣所在，心志所向，我想这些都是完全可以克服的。

最后，恭祝贵公司事业蒸蒸日上，祝您工作顺利！请予以考虑我这个新兵。愿与贵公司携手共筑美好未来！为盼！

此致

敬礼

求职人：××

××××年××月××日

例文 2

应 聘 信

尊敬的××商业大厦经理：

　　您好！

　　昨日阅毕《××日报》，获悉贵公司招聘会计 3 名。我毕业于××商业职业学院会计专业，自问对于此项工作能够胜任，故大胆投函应征。

　　作为一名会计学专业的学生，我热爱这个专业，并在大学三年为其投入了大量精力。在校期间，我掌握了扎实的理论知识；在实践中，积累了丰富的工作经验。这使我相信我有能力在贵公司这样一家专业化水平比较高的单位任职。此外，我善于处理人际关系，能与客户建立融洽的业务关系。我曾在金利百货公司做过实习会计，随后还在该公司任财务分析员，在实践中受益匪浅。

　　我渴望在广阔的天地里展露自己的才华，在实践中得到锻炼和提高。因此，我希望能够加入贵公司以进一步提高自己。感谢您在百忙之中给予我的关注，您给我一次机会，我将还您一份惊喜。热切期盼您的回音。

　　此致

敬礼

求职人：××

××××年××月××日

　　通信地址：××市××路××号

　　邮政编码：××××××

　　电子邮箱：××××@126.com

　　联系电话：×××××××××××

　　附：简历、资料（略）

例文 3

自 荐 信

尊敬的人事部总监：

　　您好！

　　首先感谢您在百忙之中抽出时间给我一个展示自我的机会。我是××职业技术学院新闻采编与制作专业的应届毕业生，从报纸上得知贵公司招聘网页编辑，我有信心接受贵公司的面试与任何考核。

　　三年的大学生活，我始终努力学习，成绩优异，获得过五次奖学金。我较为系统地学习了新闻学概论、新闻编辑学、新闻采访与写作、电子新闻媒介、网络编辑、网络技术、网络安全与管理、计算机网络与通信等课程。我能熟练使用

FrontPage 和 DreamWeaver、PhotoShop 等网页制作工具，还自学了 HTML 语言，Frontpage、Dreamweaver 等网页编辑软件，Firework、Flash 等网页图形处理软件，可以自如地进行网页编辑。我还自己做了一个个人主页，网址是 http://www.LYGCKY.com，日访问量已经达到了 500 人左右。

除了扎实的网络专业知识外，我还有较强的写作能力。在校期间，我不断参加校内外征文活动，获奖三次。我还被特聘为校报记者，多次外出采访，在校内外报刊上发表过 10 篇作品。在英语方面，我也已具备了一定的英语会话能力，可以用英语进行日常的交流，并取得了英语四级证书。

学习之余，我参加了大量的社会实践活动，做过家教、商场促销员，有吃苦耐劳精神和一丝不苟的工作作风。我性格随和，善于与人相处，有团队精神。

贵公司是闻名遐迩的跨国公司，总经理知人善用，重视人才，我非常愿意并渴望到贵公司工作，并愿为贵公司的兴旺发达贡献自己的知识与才华。

热切地盼望着贵公司给予答复！

此致

敬礼

自荐人：×××

××××年××月××日

【知识点睛】

一、求职信的概念

求职信是求职者向用人单位或单位领导人介绍自己的实际才能、表达自己就业愿望的一种书信。求职信一般包括应聘信、自荐信两种形式。

求职信与普通的信函没有多少区别，但它与写给朋友的信函又有所不同，当然也不同于"公事公办"的公文函。求职信写给的对象很难明确，也许是人事部一般职员，也许是部门经理，如果你对单位领导人比较了解的话也可以直接写给他。多数用人单位都要求求职者先寄送求职材料，由他们通过求职材料对众多求职者有一个大致的了解后，再通知面试或面谈。因此，求职信写得好坏将直接关系到求职者是否能进入下一轮的角逐。

我国最早的求职信要追溯到西汉东方朔的《上书自荐》，唐代大诗人李白的《与韩荆州书》堪称古代自荐信的典范。

二、求职信的特点

1. 简明扼要，一语中的

求职者写求职信的唯一目的就是让招聘方看过信后对自己有个良好的印象，为录用自己打好基础。因招聘方有太多的求职信函要看,因此求职信一定要简明扼要,一语中的,使招聘方快速了解自己的水平、能力和才华即可,其他内容等面试时再详谈。

2. 实事求是,突出个性

尽管每个求职者都希望自己在众多的求职者中脱颖而出,但切忌夸夸其谈,不切实际,把一些莫须有的成绩安在自己的头上。言辞不能太夸张,要以中肯、平和而又谦恭、真挚的语言陈述情况,实事求是、彬彬有礼地展示自我。突出个性的方式有很多,比如介绍或列出与职位相关的给人印象非常深刻的事件或数据,或求职信开头独具匠心等,都可给用人单位留下深刻的印象。

3. 态度诚恳,措辞得体

既然钟情于某个职位,不管结果如何,一定要以诚恳的态度表明想要得到职位的愿望。切不可目空一切,给人以自高自大的感觉,也不可谦恭过分,给人信心不足或不诚实的感觉,在措辞上一定要大方得体,有理有节。

4. 直截了当,通俗易懂

求职信切忌拐弯抹角,招聘单位的负责人往往没有更多的时间推敲你的用意,最好让他们直接了解你的想法。另外,不要故意卖弄专业知识,要考虑读者对象的知识背景,不要使用生僻词语、专业术语。在重点突出、内容完整的前提下,尽可能简明扼要,切忌面面俱到。不要使用模糊、笼统的字眼,多使用实例、数字等具体的说明。

三、求职信的结构和写法

求职信主要由标题、称谓、正文、结尾、署名、成文日期、附件等几部分组成。

1. 标题

"求职信"三字写在首行正中。

2. 称谓

称谓写在第一行,要顶格写受信者单位名称或个人姓名。单位名称后可加"负责同志",个人姓名后可加"先生""女士""同志"或直接加职务等。在称谓后写冒号。

求职信不同于一般私人书信,受信人未曾见过面,所以称谓要恰当、郑重其事。

3. 正文

另起一行,空两格开始写求职信的正文内容。正文内容较多的,要分段写。

第一,写求职的原因。首先简要介绍求职者的基本情况,如姓名、年龄、性别等。接着要直截了当地说明从何渠道得到有关信息以及写此信的目的。如:"我叫李民,现年22岁,男,是一名财会专业的大学本科毕业生。我从报上看到贵公司招聘一名专职会计人员的消息,不胜喜悦,以本人的水平和能力,冒昧地毛遂自荐,希望有幸成为贵公司的一名会计人员。"这段是正文的开端,也是求职的开始,介绍有关情况要简明扼要，对所求的职务态度要明朗。要使读信者有兴趣将你的信读下去，所以开头还要有吸引力。

第二，写对所谋求的职务的看法以及对自己能力的评价。这是求职的关键。要着重介绍自己应聘的有利条件，特别突出自己的优势和"闪光点"，以使对方信服。如："由于我是一名应届毕业生，我深知自己的知识仍然停留在理论阶段，正因为如此，我更加迫切需要贵医院能给予我实践的机会。我一定发挥自己的专业所长，为病人提供最认真的医疗服务，为贵医院的发展贡献我的光和热！"写这段内容，语言要中肯、恰到好处，态度要谦虚诚恳、不卑不亢，达到见字如见其人的效果，要给读信者留下深刻印象，进而相信求职者有能力胜任此项工作。这段文字要有较强的说服力。

第三，提出希望和要求。向读信者提出希望和要求，如"希望您能为我安排一个与您见面的机会"或"盼望您的答复"或"敬候佳音"之类的语言。这段属于信件内容的收尾，要适可而止，不要啰唆，也不要苛求对方。

4．结尾

另起一行，空两格，写表示敬祝的话，如"此致　敬礼"或祝"工作顺利""事业发达"等。不必过多寒暄，以免画蛇添足。

5．署名和日期

写信人的姓名和成文日期写在信的右下方。姓名写在上面，成文日期写在姓名的下面。姓名前面不必加任何谦称的限定语，以免有阿谀之感，或让对方轻看你的能力。成文日期要年、月、日俱全。

6．附件

有说服力的附件是对求职者进行鉴定的凭证，求职信的附件是不可忽视的组成部分。

附件可在信的结尾处注明。如：附件 1. ××××××；2. ××××××；3. ×××××……然后将附件的复印件单独订在一起随信寄出。附件不需太多，但必须有分量，足以证明求职者的才华和能力。

四、求职信的写作要求

（1）求职信的格式（包括信封的书写）很重要。如果称呼、问候都写错了或不规范，主管人对求职者的第一印象就不好，从而影响对全信的阅读。如果是敬语格式出错，往往会被精明、细心的主管人挑剔，影响求职者的入选。

（2）求职的时间要完整。求职信通常具有较强的时效性，因此年、月、日不仅要写清楚，而且要写全。

（3）最重要的一点是信的内容一定要真实、朴实。切忌夸夸其谈，洋洋万言，给人一种华而不实之感；也不要谦虚过度，缩手缩脚，给人一种平庸无能之嫌。

除求职信外，求职时还常需要用到应聘信。应聘信是针对用人单位的招聘广告，在已知用人单位需要什么样的人的情况下，只向该招聘单位发送的一种文书。应聘信的格式与求职信基本相同。

◆ 知识链接一

求职信和应聘信的区别

求职信和应聘信都是求职者向用人单位展示自己学识、能力以获得用人单位青睐的重要手段，其写作要求大致相同。不同的是，求职信是在求职者不知道用人单位是否需要人的情况下写的求职材料，应聘信是在求职者通过各种渠道获知用人单位招聘人员的情况下写的求职材料。

◆ 知识链接二

自荐信与求职信（或应聘信）的区别

一、针对性不同

自荐信是毕业生根据自身能力和市场需求情况，在对本人求职范围做了考虑判断的基础上，以尽量符合此范围内的单位和职位之需要为标准而写的求职书信。自荐信对适应性的要求较强，对自己的介绍，要以能够适应相应岗位群的知识、能力、专长为重点。求职信或应聘信是当事人向欲供职的具体单位提出求职申请的书信，内容上针对性较强。根据对方的招聘广告、招聘信息，表明自己愿意应聘其中某一职位的应聘信，是针对欲供职具体单位的一个具体岗位主动介绍自己，要明确、具体、有针对性。根据某单位的具体情况，表明自己希望到该单位工作、谋求职位的求职信，也是针对某一个或几个具体岗位（其范围往往要比自荐信的岗位群窄）介绍自己，也要根据该单位有关职位的特点、要求来着笔，同样要做到明确、具体。

二、适用范围不同

自荐信的适用面较宽泛，可以是一定范围内的多个单位或职位。它一般没有特定的目标，而是一个岗位群。应聘信则是先确定一个求职目标（求职信是针对一个单位的一个或几个求职目标），再根据其具体情况来着笔。它只适用于单一的求职对象，即只适合应聘单位的一个具体职务（或者一个求职单位的一个或几个具体职位）。因而，自荐信在写作上注重全面性、兼容性，强调用最简短的篇幅如实介绍自己，并尽可能符合多类单位和职位的需求。应聘信或求职信在写法上则更强调个别性、针对性，即根据欲供职的具体单位或职位的特点、要求来着笔介绍自己，突出自己适应具体工作、职位的能力和优势。

三、输出形式不同

因自荐信所用的份数较多,一般采用打印形式。而求职信或应聘信则应采用手写形式,以示尊重对方,表明此信特意为求职或应聘单位所写,忌用打印形式。如果字写得漂亮,自荐信采用手写后的复印件形式会更好。

知识链接三

面试礼仪和技巧

一、时间观念是第一道题

守时是职业道德的一个基本要求,提前 10~15 分钟到达面试地点效果最佳,可熟悉一下环境,稳定一下心神。如果你面试迟到,那么不管你有什么理由,也会被视为缺乏自我管理和约束能力,即缺乏职业能力,给面试者留下非常不好的印象。而且大公司的面试往往一次要安排很多人,迟到了几分钟,就很可能永远与这家公司失之交臂了。因此,时间观念是面试的第一道题。

如果面试地点比较远,地理位置也比较复杂,不妨先跑一趟,熟悉交通线路、地形,甚至事先搞清洗手间的位置,这样你就知道面试的具体地点,同时也了解路上所需的时间。对招聘人员迟到不要太介意,也不要太介意招聘人员的礼仪、素养。如果他们有不妥之处,你应尽量表现得大度开朗一些,这样往往能使坏事变成好事。否则面试人员一迟到,你的不满情绪就溢于言表,面露愠色,招聘人员对你的第一印象就会大打折扣,甚至导致满盘皆输。因为面试也是一种对人际磨合能力的考查,你得体、周到的表现,自然是有百利而无一害的。

二、进入面试单位的第一形象

到了办公区,最好径直走到面试单位,而不要四处寻摸,甚至被保安盯上。走进公司之前,口香糖之类都收起来,因为大多数的招聘人员都无法忍受你边面试边嚼口香糖或零食。手机坚决不要开,以避免面试时造成尴尬局面,同时也分散你的精力,影响你的成绩。一进面试单位,若有前台,则开门见山地说明来意,经指导到指定区域落座,若无前台,则找工作人员求助;这时要注意用语文明,开始的"你好"和被指导后的"谢谢"是必说的,这代表你的教养。一些小企业没有等候室,就要在面试办公室的门外等候;当办公室门打开时应有礼貌地说声"打扰了",然后向室内面试人员表明自己是来面试的,绝不可贸然闯入。假如有工作人员告诉你面试地点及时间,应当表示感谢。不要询问单位情况或向其索要材料,更不要评论单位;不要驻足观看其他工作人员的工作,或在落座后对工作人员所讨论的事情或接听的电话发表意见或评论,以免给人肤浅嘴快的印象。

三、等待面试时的表现不容忽视

到达面试地点后应在等候室耐心等候,并保持安静及正确的坐姿。如果单位准备了公司的介绍材料，应该仔细阅读以预先了解其情况；也可自带一些试题重温。不要来回走动显示出浮躁不安，也不要与别的面试者聊天，因为这可能是你未来的同事，甚至决定你是否称职的人，你的谈话对周围的影响是你难以把握的。

要坚决制止的是：在接待室恰巧遇到朋友或熟人，就旁若无人地大声说话或笑闹；吃口香糖，抽香烟，接手机。

四、与面试人员的第一个照面

1. 把握进屋时机

如果没有人通知，即使前面一个人已经面试结束，也应该在门外耐心等待，不要擅自走进面试房间。自己的名字被喊到，就有力地答一声"是"，然后再敲门进入，敲两三下是较为标准的；敲门时千万不可敲得太用劲。听到里面说"请进"后，要说声"打扰了"再进入房间。开门或关门尽量要轻，进门后不要用后手随手将门关上，应转过身去正对着门，用手轻轻将门合上。回过身来将上半身前倾30°左右，向面试人员鞠躬行礼，面带微笑称呼一声"老师好"，显得彬彬有礼而大方得体，不要过分殷勤、拘谨或过分谦让。

2. 专业化的握手

面试时，握手是最重要的一种身体语言。专业化的握手能创造出平等、彼此信任的和谐氛围。你的自信也会使人感到你能够胜任而且愿意做任何工作。这是创造好的第一印象的最佳途径。怎样握手，握多长时间，都非常关键。因为这是你与面试人员的初次见面，这种手与手的礼貌接触是建立第一印象的重要开始，不少企业把握手作为考查一个应聘者是否专业、自信的依据。所以，在面试人员的手朝你伸过来之后就握住它，要保证你的整个手臂呈L形（90°），有力地摇两下，然后把手自然地放下；握手应该坚实有力，有"感染力"；双眼要直视对方，自信地说出你的名字，即使你是位女士，也要表现出坚定的态度，但不要太使劲，更不要使劲摇晃；不要用两只手，用这种方式握手在西方公司看来不够专业。手应当是干燥、温暖的。如果对方伸出手，却握到一只软弱无力、湿乎乎的手，这肯定不是好的开端。如果你刚刚赶到面试现场，用凉水冲冲手，使自己保持冷静；如果手心发凉，就用热水焐一下。

握手时长时间地拖住面试人员的手，偶尔用力或快速捏一下手掌，这些动作说明你过于紧张，而面试时太紧张表示你无法胜任这项工作；轻触式握手显得你很害怕而且缺乏信心，在面试人员面前应表现出你是个能干的、善于与人相处的职业者；在对方还没伸手之前，就伸长手臂去够面试人员的手，表示你太紧张和害怕，面试人员会认为你不喜欢或者不信任他们。

3. 无声胜有声的形体语言

加州大学洛杉矶分校的一项研究表明，个人给他人留下的印象中，7%取决于用词，38%取决于音质，55%取决于非语言交流。非语言交流的重要性可想而知。在面试中,恰当使用非语言交流的技巧,将为你带来事半功倍的效果。

除了讲话以外,无声语言是重要的公关手段,主要有手势语、目光语、身势语、面部语、服饰语等,通过仪表、姿态、神情、动作来传递信息,它们在交谈中往往起着有声语言无法比拟的效果,是职业形象的更高境界。形体语言对面试成败非常关键,有时一个眼神或者手势都会影响到整体评分。比如面部表情的适当微笑,就显现出一个人的乐观、豁达、自信;服饰的大方得体、不俗不妖,能体现大学生的风华正茂,有知识、有修养,可以在面试人员眼中形成一道亮丽的风景,增强你的求职竞争能力。

(1) 如钟坐姿显精神。进入面试室后,在没有听到"请坐"之前,绝对不可以坐下,等面试人员告诉你"请坐"时才可坐下,坐下时应道声"谢谢"。坐姿也有讲究,"站如松,坐如钟",面试时也应该如此,良好的坐姿是给面试人员留下好印象的关键要素之一。坐椅子时最好坐满三分之二,上身挺直,这样显得精神抖擞;保持轻松自如的姿势,身体要略向前倾。不要弓着腰,也不要把腰挺得很直,这样反倒会给人留下死板的印象,应该很自然地将腰伸直,并拢双膝,把手自然地放在上面。有两种坐姿不可取:一是紧贴着椅背坐,显得太放松;二是只坐在椅边,显得太紧张。这两种坐法,都不利于面试的进行。要表现出精力和热忱,松懈的姿势会让人感到你疲惫不堪或漫不经心。切忌跷二郎腿并不停抖动,两臂不要交叉在胸前,更不能把手放在邻座椅背上,或加些玩笔、摸头、伸舌头等小动作,容易给别人一种轻浮傲慢、有失庄重的印象。

(2) 眼睛是心灵的窗户。面试一开始就要留心自己的身体语言,特别是自己的眼神,对面试人员应全神贯注,目光始终聚焦在面试人员身上,在不言之中展现出自信及对对方的尊重。眼睛是心灵的窗户,恰当的眼神能体现出智慧、自信以及对公司的向往和热情。注意眼神的交流,不仅是相互尊重的表示,也可以更好地获取一些信息,与面试人员的动作达成默契。正确的眼神表达应该是:礼貌地正视对方,注视的部位最好是对方的鼻眼三角区(社交区);目光平和而有神,专注而不呆板;如果有几个面试人员在场,说话的时候要适当用目光扫视一下其他人,以示尊重;回答问题前,可以把视线投在对方背面墙上,约两三秒钟做思考,不宜过长,开口回答问题时,应该把视线收回来。

(3) 微笑的表情有亲和力。微笑是自信的第一步,也能为你消除紧张。面试时要面带微笑,亲切和蔼,谦虚虔诚,有问必答。面带微笑会增进与面试人员的沟通,会提高你的外部形象,改善你与面试人员的关系。带着赏心悦目的面部表情,应聘的成功率远高于那些目不斜视、笑不露齿的人。不要板着面孔,苦着一张脸,否则不能给人以最佳的印象。听对方说话时,要时有点头,表示自己听明白了,或正在注意听。同时也要不时面带微笑,当然也不宜笑得太僵硬,一切都要顺其自然。表情呆板、大大咧咧、扭扭捏捏、矫揉造作,都是一种美的缺陷,破坏了自然的美。

（4）适度恰当的手势。说话时做些手势，加大对某个问题的形容和力度，是很自然的，可手势太多也会分散人的注意力，需要适度配合表达。中国人的手势往往特别多，而且几乎都一个模子。尤其是在讲英文的时候，习惯两个手不停地上下晃，或者单手比画。这点一定要注意。平时要留意外国人的手势，了解中外手势的不同。另外注意不要用手比画一、二、三，这样往往会滔滔不绝，令人生厌。而且中西方比画一、二、三的方式也迥然不同，用错了反而易造成误解。交谈很投机时，可适当地配合一些手势讲解，但不要频繁耸肩，手舞足蹈。有些求职者过于紧张，双手不知道该放哪儿，有些人过于兴奋，在侃侃而谈时舞动双手，这些都不可取。不要有太多小动作，这是不成熟的表现，更切忌抓耳挠腮、用手捂嘴说话，这样显得紧张，不专心交谈。很多中国人常为表示亲切而拍对方的肩膀，这对面试人员很失礼，决不可为。

五、怎样让面试人员重视你

个人自我介绍是面试实战非常关键的一步，因为众所周知的"前因效应"的作用，这两三分钟的自我介绍，将是你所有工作成绩与为人处世的总结，也是你接下来面试的基调，面试人员将基于你的材料与介绍进行提问。这种自我介绍将很大程度上决定你在各位面试人员心里的形象。形象良好，才能让面试人员重视你。

1. 风度潇洒

面试时，面试人员对你的第一印象最重要。你要仪态大方得体，举止温文尔雅，要想树立起自己的良好形象，就要借助各种公关手段和方法。公关手段主要有言词语言公关、态势语言公关和素养公关。这些公关手段又包括数种方法，如幽默法、委婉法等。还应掌握一些公关的基本技巧。只有在了解有关公关的常规知识之后，才能顺利地、成功地树立自己良好的形象。如果你能使一个人对你有好感，那么也就可能使你周围的每一个人甚至是更多的人对你有好感。往往是风度翩翩者稳操胜券，仪态平平者屈居人后。

不同公司、不同部门在面试中通过对求职者谈举止的观察，来了解他们的内在修养、内在气质，并以此来确定其是否是自己需要的人选。面试能否成功，往往是在求职者不经意间被决定的，而且和求职者的言谈举止有很大关系。而这些内在素质，都会在平常的言谈举止中流露出来。如果说气质源于陶冶，那么风度则可以借助于技术因素，或者说有时是可以操作的。风度总是伴随着礼仪，一个有风度的人，必定谙知礼仪的重要，既彬彬有礼又落落大方，顺乎自然，合乎人情，外表、内涵和肢体语言的和谐地融合为一，这便是现代人的潇洒风度。每个人都有自己的形象风格，展现自我风采的另外一个重要因素便是自信。

2. 语言就是力量

语言艺术是一门综合艺术，包含着丰富的内涵。一个语言艺术造诣较深的人需要多方面的素质，如具有较高的理论水平、广博的知识、扎实的语言功底。如果说外部形象是面试的第一张名片，那么语言就是第二张名片，它客观反映了一个人的文化素质和内涵修养。谦虚、诚恳、自然、亲和、自信的谈话态度会让你在任何场合都受到欢迎，动人的公关语言、艺术性的口才将帮助你获得成功。面试时要在现有的语言水平上，尽可能地发挥口才作用。对所提出的问题争取对答如流，恰到好处，妙语连珠，耐人寻味，不夸夸其谈。

自我介绍是很好的表现机会，应把握以下几个要点。第一，要突出个人的优点和特长，并要有相当的可信度。特别是具有实际管理经验的，要突出自己在管理方面的优势，最好是通过自己做过什么项目这样的方式来叙述一下，语言要概括、简洁、有力，不要拖泥带水，轻重不分。重复的语言虽然有强调的作用，但也可能使面试人员产生厌烦情绪，因此重申的内容，应该是浓缩的精华，切记避免冗长，要突出你与众不同的个性和特长，给面试人员留下几许难忘的记忆。第二，要展示个性，使个人形象鲜明，可以适当引用别人的言论，如老师、朋友等的评论来支持自己的描述。第三，坚持以事实说话，少用虚词、感叹词之类。第四，要符合常规，介绍的内容和层次应合理、有序地展开。要注意语言逻辑，介绍时应层次分明、重点突出，使自己的优势很自然地逐步显露。第五，尽量不要用简称、方言土语和口头语，以免对方听不懂。当不能回答某一问题时，应如实地告诉对方，含糊其词和胡吹乱侃都会导致失败。

六、总结提示

面试，在很多情况下是与面试人员最直接的"短兵相接"，所以一举一动、一言一行，都让面试人员尽收眼底。因而面试礼仪就是最为重要的一个环节，礼仪是个人素质的一种外在表现形式，是面试制胜的法宝。面试礼仪这个环节又由许多小环节构成，如果对礼仪知识知之甚少，或忽视礼仪的作用，在一个小环节上出现纰漏，必然会被淘汰出局。

【案例展示】

赵×起草的求职信如下：

求 职 信

三精药业人力资源部负责人：

　　您好！

　　我是××职业学院制药系的一名学生，即将毕业。××职业学院是我省药品生产人才的重点培养基地，具有悠久的历史和优良的传统，并且素以治学严谨、育人有方而著称。在这样的学习环境下，无论是在知识、能力方面，还是在个人素质修养方面，我都受益匪浅。

　　三年来，在老师的严格教育及个人的努力下，我掌握了扎实的专业基础知识，熟悉制药工艺流程。具备较好的英语听、说、读、写等能力，能熟练操作计算机。曾在制药厂实习一年，在实习期间，我虚心向指导老师学习，将理论知识和生产实践相结合，熟练掌握操作技能，受到了实习单位的好评。

　　此外，我还积极参加各种社会活动，在活动中培养协作精神、组织能力，锻炼自己，提高自己。

　　我真诚地希望能成为贵单位的一名员工，现奉上推荐表、个人简历、成绩表等资料，恳切希望能给我一次面试的机会。

　　愿贵单位事业蒸蒸日上！

赵×
××××年××月××日

通信地址：黑龙江省××市迎宾路××号
邮政编码：××××××
电子邮箱：××××@126.com
联系电话：××××××××××
附：推荐表、个人简历、成绩表（略）

【能力训练】

1. 下面这封求职信，在内容和格式上有哪些不足？请指出并加以改正。

××养殖公司：

　　我叫赵刚，男，23岁，××畜牧兽医职业学院毕业，曾在本市一家较大的饲养场做过兽医。我工作踏实，受到该场领导的好评与奖励。我除了具备兽医专业知识之外，也系统地学习了关于畜牧兽医方面的养殖防治知识，有一定的专业技能。我请求到贵公司工作，如蒙录用，我将竭诚为贵公司服务。

2. 假设你今年毕业，请结合自己的专业情况及求职意向给用人单位写一封求职信。

3. 假如你符合如下两则招聘广告上的条件，请结合广告给用人单位各写一封应聘信。

招聘启事

因事业发展需要,经××省人才交流中心批准,现面向全省招聘数控、焊接、机电、计算机、烹饪、物流类各专业技能人才若干名。条件:思想品质好,各专业中技(专)以上学历,中级工以上技能等级,有一定操作经验,身体健康,28周岁以下企业技工或优秀应届毕业生。有意者请持身份证、学历证书、技能等级证书、个人简历到学院人事处现场报名,或将上述材料复印件函寄学院人事处报名。经面试、试用合格后正式调入,待遇按国家有关规定执行。

联系人:×××

联系电话:××××××××××

通信地址:××××××××××××××××

邮政编码:××××××

诚　聘

本营业厅经营面积约200平方米,是镇远最大的4G电信营业厅,装修即将完成,拟定于2018年10月试营业。现特面向社会招聘工作人员数名,我们诚邀您的加入。

店长:2名(薪资面议)

要求:25岁以上,男女不限,普通话流利,形象气质佳,责任心强,有较强的销售、管理、团队协调能力;负责店面日常管理和销售工作,懂电脑,有较强的管理能力,沟通能力佳,具有亲和力;做事主动,有高度责任感;有类似工作经验者优先。

库管:2名

要求:性别不限,电脑操作熟练,做事细心,有较高责任心,有相关工作经验者优先。

客户代表:5名

要求:有做销售的强烈意愿,勇于挑战高薪。普通话清晰流利,有良好的表达能力和良好的团队意识,有良好的学习力、执行力、抗压力。有销售工作经验者或手机销售经验者优先。

营业员:12名

要求:年龄18—30岁,性格开朗,有较强的责任心,有团队意识及服务意识,有良好的沟通能力及语言表达能力,有强烈的学习愿望,有吃苦耐劳精神。

以上人员一经录用,本公司将提供免费专业培训,提供具有竞争力的工资福利待遇和良好的发展空间。

截止时间:××××××××

```
联系人：×××
联系电话：××××××××××
通讯地址：××××××××××××××××××
邮政编码：××××××
```

第三节　个人简历

【学习目标】

1. 了解个人简历的特点。
2. 掌握个人简历的写作格式。
3. 能够依据自身情况制作个人简历。

【案例导入】

　　刘×从某职业学院动物医学专业毕业后，在人才市场奔波了两个多月也没找到合适的工作。这天，她再次来到人才市场，看到一家大型民营企业在招聘兽医师助理员一职，简单地聊了几句后，随手交上自己的一份简历便离开了。没想到一周后，她收到了面试通知。最后，刘×被这家大型民营企业录用了。报到时，刘×得知这家公司的总经理主要是看中了自己的工作经验和吃苦耐劳的精神。

　　刘×是如何在个人简历中突出自身品质特征的？

【范例感知】

例文1

```
                个人简历

个人资料
    姓    名：×××
    出生年月：××××年××月
    毕业院校：××大学经济技术学院
    专    业：自动化
    联系电话：××××××××
    手机号码：×××××××××××
```

联系地址：××市××区××街××号
邮　　箱：××××××

求职意向

生产过程自动化的控制、运行、维护、研发及计算机网络硬、软件系统的应用、维护、开发等相关工作。

学习经历

2014年9月—2018年7月　就读于××大学经济技术学院。

主修专业课程：自动控制原理、现代控制理论、过程控制、拖动自动控制、微机原理、单片机原理、可编程控制器、计算机仿真技术、数字通信技术、信息论基础、现代控制技术。通过专业课程的学习，奠定了扎实的理论基础，掌握了生产过程自动化装置和系统的运行、开发和设计技术。

实践经历

2017年7月—2018年7月　在××公司实习。

2018年8月—2019年9月　在××公司工作。

英语水平

具有较高的英语对话、阅读能力。通过了国家英语六级考试。

计算机水平

能熟练运用多种基础编程语言，熟练使用办公软件，精通网页制作。

特长爱好

爱好广泛，喜欢踢足球、吉他演奏。曾担任校足球队队长，在"新星杯"乐器演奏大赛中获一等奖。

获奖情况

连续三年被评为"三好学生"，2017年被评为"优秀学生干部"，两次获得一等奖学金。

自我评价

喜爱文学，擅长写作。思维敏捷，富有想象力。踏实肯干，具有吃苦耐劳的精神。

【知识点睛】

一、个人简历的概念与特点

1. 个人简历的概念

简历是个人向有关单位或部门负责人介绍自己基本情况、学业资历、工作经验等简要经历时所使用的一种规范化、逻辑化的应用文体。

2. 个人简历的作用与价值

简历是支持个人的请求、证明个人适合担当所申请工作的材料，写作简历的目的在于赢得用人单位的认可，取得面试的机会，进而充分展示个人的能力与才华，最后取得求职的成功。

简历可以体现一个人的综合实力和整体水平，是目前大部分毕业生求职择业时最常用的材料。一份出色的求职简历往往是开启事业之门的钥匙。

3. 个人简历的特点

（1）重点突出。不同的用人单位、不同的职位对个人的能力有不同的要求。所以，求职者在写个人简历时应对具体情况具体分析，以便在简历中突出自己的优势，充分展示自己的实力。重点突出主要是指针对岗位需求突出应聘优势，表现出与职位相匹配的素质和技能。

（2）语言简明扼要。个人简历的语言通常应该简短、精练，概括性强，让人一目了然。

（3）形式美观大方。简历从其表现形式上分为条文式简历和表格式简历，无论哪种简历，形式上都应注重版面设计，尽量使其美观大方，整洁清晰，便于阅读。

二、个人简历的种类

个人简历有以下三种不同的分类标准：

从内容上分，有学习简历、工作简历、学习工作综合简历。

从表现形式上分，有条文式简历和表格式简历。

从载体上分，有电子简历和书面简历。

三、个人简历的结构与写法

个人简历的内容一般包括个人资料、求职意向、学习经历、工作经历、社会实践活动、外语与计算机水平、奖励情况、特长爱好、自我评价等。对于应届毕业生来说，个人资料、求职意向、学习经历、工作与实践、外语水平、计算机水平、奖励与成绩等内容是必不可少的。

1. 个人资料

个人资料包括姓名、性别、出生年月、民族、政治面貌、健康状况、籍贯、地址、电话、邮箱等。

2. 求职意向

求职意向是指求职、应聘的职位。求职意向可具体，如"记者""网络管理员"等，可以宽泛，如"计算机行业"相关工作。

3. 学习经历

学习经历包括在校学习经历和培训、实习经历。如果是学生，这部分要重点写明曾经在××学校××专业学习，包括起止时间、主要的专业课程。

4. 工作经历

根据个人工作情况详细说明工作的具体内容与经历，尤其是与求职目标相关的工作经历。要突出工作业绩。一般按照时间顺序详述曾经工作的单位、时间、职位、工作性质等，如"江苏省××养殖场，2015年7月—2016年7月，任兽医师"。

如果是刚毕业没有工作经历的大学生，可以写实习经历。这部分的内容力求详细，写明本人做了哪些工作，取得了什么样的成绩等。

5. 社会实践活动

可写参加社会实践调查、勤工助学、义务工作、各种团体组织活动等情况，如对手机市场、饮料市场等进行调查，对大学生就业情况进行调查。

6. 外语、计算机水平

说明自己的外语、计算机等级情况。一般说明自己的外语和计算机等级即可，少用"精通"之类的词语，如若需要较高外语和计算机水平的职业则需支撑材料。

7. 特长、兴趣、爱好

这部分内容应针对求职意向有重点地介绍，不可泛泛而谈，而且必须是自己感兴趣或真正具备的特长。

8. 奖励情况

对自己在校期间获得的主要奖励和荣誉简要介绍一下。

9. 自我评价

对自己进行总体评价，评价中一要突出自己的主要优点，二要突出上文没有涉及的内容。例如，本人实践能力强，具有吃苦耐劳精神；为人诚实、责任心强、乐观向上，善于与同事相处，敢于迎接挑战等。

微软公司网站的招聘贴士上明确提示求职者："写好简历是成功的第一步。在写简历前，你应该花一些时间了解自己的优点和目标。简历应该反映出你的能力和特长，可以胜任你所申请的职位或其他相关职位。"

四、个人简历制作的要求

1. 实事求是，坦诚相见

个人简历的内容要真实准确。简历所呈现的个人信息要真实可靠，不要故意夸大成绩。学历层次、能力等内容要准确表述。

2. 彰显个性，突出能力

敢于彰显自己的特殊才干、专业技能、外语及计算机能力等，尤其与职位相关的事项更要有针对性地彰显出来，这些对于求职成功是有意义的。同时，简历从某种意义上说就是一封自荐书，因此不必过谦，要敢于、善于展示自己的实力。

3. 表达适度，不宜冗长

简历要"简"，简历不"简"，成功率就会降低。目前，用人单位在经营上都有简单化、数字化的特点，也希望求职者的简历简单化。

4. 布局合理，美观大方

个人简历要按一定的结构、逻辑顺序写作；否则，会让用人单位认为你做事无条理、逻辑思维差。同时，在打印时应注意编排，字体、字号、页面设置等要讲究美观大方。

【案例展示】

刘×制作的个人简历如下：

个人简历

个人资料

姓　　名：刘×

性　　别：女

出生年月：1995年3月10日

籍　　贯：黑龙江省哈尔滨市

民　　族：汉

政治面貌：党员

学　　历：专科

专　　业：汉语言文学

求职意向：编辑、记者

学习经历

2013年9月—2017年7月　就读于××师范专科学校汉语言文学专业。

工作经历

2017年9月—2018年7月　在《××日报》担任实习编辑；

2018年9月—2019年7月　在《××晚报》担任编辑。

外语水平

具有较强的英语会话能力，通过国家英语四级考试。

计算机水平

熟练使用办公软件，能够进行网页制作和网络维护；通过计算机二级考试。

特长爱好

擅长写作，先后在国家、省级刊物上发表文章6篇；擅长演讲，曾在"爱我中华"演讲比赛中获一等奖。

获奖情况

两次获得一等奖学金，2015年获"优秀学生干部"称号。

自我评价

理论知识丰富，动手能力强；能够吃苦耐劳，具有组织能力和团队精神。

联系方式

联系电话：×××××××

手机号码：×××××××××

联系地址：××市××区××路××号

邮政编码：××××××

电子邮箱：××××@126.com

【能力训练】

1. 阅读下面的简历，指出存在的问题并加以修改。

个人信息

姓　　名：王媛媛　　　　　性　别：女

出生日期：1991年7月　　　 籍　贯：江苏淮安

学　　历：硕士研究生　　　 英　语：国家六级

手　　机：×××××××××　　　E-mail：××××@126.com

居住地：江苏淮安

自我评价

积极主动，当确定目标以后，能够全身心地投入其中，以达到最完美的结果。学习与思考能力较强，能够快速学习新知识，从实践中吸取教训，不断提高自己。此外，多年的学习使我掌握了丰富的经济学知识以及在实际生活中的应用方法，积累了丰富的管理、财务、金融方面的知识与应用方法。在学术研究方面，通过不断的学习，掌握了各方面的定量与定性分析方法。

2019年3月—2019年6月　在北京某财经顾问有限公司研究部门从事行业与公司研究工作，重点关注有色金属和计算机硬件业，对于行业研究方法有较深的认识。

2018年3月—2018年10月　在北京银联信息中心兼职分析师，根据提供的数据初步撰写研究报告，在报告中对行业整体进行分析，此外还需根据重点企业的财务指标进行分析。

2017年10月—2018年3月　参与《外资并购案例分析》第十章与第十一章的写作，该书已经出版。通过写作，我加深了对企业并购重组理论及在实践中运用的认识，同时在语言组织、写作水平上也有所提高。

2018年3月—2018年6月　在《消费日报》与首都经贸大学、北京工商大学联合举办的消费经济论坛中，参与"消费流行及流行趋势"课题研究，撰写数码产品的消费流行趋势以供企业参考，并准备必要的市场调查，通过调查问卷及网络调查的方式对结果进行验证与分析。

> **教育经历**
> 2017年9月至今　北京××大学产业经济学专业研究生毕业。
> 2013年9月—2017年6月　广西大学国际经济与贸易专业本科毕业。

2. 某公司因业务发展需要，经有关部门批准，急聘销售员若干名。请根据你的应聘意愿和自身条件，拟写一份简历。

第四节　竞聘词

【学习目标】

1. 了解竞聘词的特点。
2. 掌握竞聘词的写法。
3. 能够根据岗位特点与自身优势写作竞聘词。

【案例导入】

入学时你加入了机电学院的学生会，担任过干事、生活部部长，你的工作态度与工作成绩得到了师生的一致认可。学生会主席的竞聘工作即将开始，你需要撰写一份能展示自己的特点与优点的竞聘词。

【范例感知】

例文 1

> ### ××局副局长竞聘词
>
> 大家好！
> 　　首先感谢局党委提供这次向大家汇报、展示自我的机会。我竞聘的是副局长一职。我叫何××，35岁，中共党员，本科学历。
> 　　俗话说，没有金刚钻别揽瓷器活。经过综合权衡，我觉得我具有以下竞聘优势：
> 　　第一，我具有良好的政治素养和道德素养。
> 　　第二，我具有丰富的工作经验和较强的组织协调能力。
> 　　第三，我具有扎实、广泛的业务知识。
> 　　第四，我具有严谨细致、扎实高效的工作作风。
> 　　各位领导、各位同事，这次竞聘，无论成功与否，我都将以兹自勉，一如既

往地努力工作！如果竞聘成功，我将做到以下几点：

第一，摆正心态，服从组织安排。

第二，真诚讲团结，协助领导做好工作。

第三，开拓创新，做好管理工作。

第四，加强学习，努力把自己培养成复合型人才。

"雄关漫道真如铁，而今迈步从头越。"尊敬的各位领导、评委们，以上是我向你们汇报的简要情况。我深深明白，××局副职，它不仅仅是一个具有吸引力的职位，更是一份沉甸甸的责任！如果能够承蒙大家的厚爱，让我走上这个岗位，我将不遗余力地做好本职工作，以出色的业绩回报大家的厚爱！

最后，我想说，目前或许我不是最优秀的，但我一定做最努力的，请大家信任我，考验我！谢谢大家！

例文2

特朗普竞选美国总统演讲词（节选）

女士们，先生们：

今天在这里，在我们的党代会，不会有任何谎言。我们将用真相为美国人民送上敬意，而不是别的什么东西。这些事实如下：

数十年打击犯罪的成就如今正在本届政府领导下遭遇倒退。在美国最大的50座城市里，去年谋杀率上升了17%。这是25年来的最大增幅。在我们的首都，谋杀案甚至增加了50%；在其附近的巴尔的摩，这一数字更是上升了60%。

在芝加哥仅今年，就有超过2000人死于枪击；而自他担任总统以来，这座城市更是有超过3600人死于非命。与去年同期相比，死于执法过程中的警员数量也差不多增加了50%。接近18万有案底的非法移民，本应被我们驱逐出境，如今却可以到处游荡，并威胁和平市民的安全。

那么，我们美国的经济情况又如何呢？再一次，我将向你们透露平实的事实，这些事实未经午夜新闻与各种晨报的矫饰：

10个黑人儿童当中就有4个生活在贫困中；与此同时，黑人的整体失业率高达58%。

自2000年起，家庭收入更是猛降了4000美元。我们制造业的贸易赤字更是达到了新高——差不多每年有8000亿美元。财政情况也好不到哪里去。

…………

我们再看看国外的情况：我们的公民不仅忍受着国内的灾难，而且还不断地在国际上遭到羞辱。我们都曾经记得，我们的水兵被迫在伊朗人枪口下下跪的情景。而这一幕恰好就发生在与伊朗签署和解协议的不久前。这份和解协议向伊朗返还了1500亿美元，却没有给予我们一分钱——时间将证明，这份协议将成为史上最糟。

另一项耻辱便是，奥巴马曾为叙利亚局势设置红线，但没有人把他当回事。在利比亚，我们的大使馆却毁于熊熊烈火之中。就在奥巴马任命希拉里担任国务卿后，美国变得更加不安全了，而世界变得更加不稳定。

伊朗也正处在掌握核武器的道路上。叙利亚被卷入了内战与难民危机之中，而这场难民危机更是威胁到了西方国家。在中东地区长达15年的战乱后，在花费了亿万美元与成千上万生命陨落之后，局势却比以往更加糟糕。这就是希拉里·克林顿的政治遗产：死亡、毁灭与软弱。

在我们对手的竞选活动幕后，大企业、精英媒体和大赞助商正在排着长队——这种情况必须改变。每天早晨当我醒来的时候，都有成千上万的人遭到忽视与抛弃，我感到需要愈发坚定地让他们看到成果。我拜访过废弃工厂的员工以及受到不公平贸易协定打击的那些社区。他们就是被我们国家所遗忘的那群人，他们就是努力工作却无法发出声音的那群人。我就是你们的声音！

有一些政客把个人得失置于国家利益之上，有些母亲因此失去了自己的孩子，我曾经拥抱过这些痛哭流涕的母亲。我不能容忍不公无能的政府，无法同情那些辜负人们的领导人。因缺乏意愿或勇气，我们的政治体制无法坚定执法——甚至更糟的是，政治体制被大企业说客所收买，但无辜的人却因此而受罪。每当这样的时候，我都不能无视这样的事情。

当我成为总统，一定会保证所有的孩子被平等对待、被平等保护。每一次行动，我必反躬自省，它能够给巴尔的摩、芝加哥、底特律、弗格森的年轻人带来更好的生活吗？这些大城市的孩子和其他的美国孩子一样，都有平等的实现梦想的权利。要让美国更安全，我们必须解决日益严峻的外部威胁。

…………

记住：所有那些告诉你们，你们不能拥有你们理想国家的那些人，就是那些告诉你们我今晚不会站在这里的家伙。我们不能再依赖这些精英媒体和政治，他们为了操纵舆论会说任何东西。相反，我们必须选择相信美国。历史正在看着我们！

这是在等着看，我们是否会崛起，我们是否会向全世界展示美国仍然是自由、独立和强大的。我的对手要她的支持者背诵一个忠诚誓言，念作："我站在她这边。"我选择背诵另一个承诺，我的誓言念作："我站在你们这边——美国人民！我是你们的声音！"

对每一个为他们的孩子梦想的父母，对每一个梦想他们的未来的孩子，我今晚要和你们说：我与你们，我会为你们战斗，我会为你们赢得胜利。今晚，对所有的美国人，在我们所有的城市和乡镇，我做出这个誓言：我们将让美国再次强大！我们将让美国再次骄傲！我们将让美国再次安全！我们将让美国再次伟大！

【知识点睛】

一、竞聘词的特点

竞聘词是竞聘者在竞聘之前写成的准备在竞聘会议上向与会者宣讲的一种阐述自己竞聘条件、竞聘优势,以及对竞聘职务的认识,被聘任后的工作设想、计划的文稿。竞聘演讲词的质量,是竞聘成功与否的一个不可忽视的重要环节,所以每一位竞聘者都应重视竞聘词的写作。竞聘词具有以下几方面的特点。

1. 内容的竞争性

竞聘演讲的过程是候选人之间就未来推行的施政目标、施政构想、施政方案比优劣的过程。竞聘除了展示基本条件之外,重点应阐述自己的施政目标与施政措施,要凸显人无我有、人有我优、人优我特的竞争优势。

2. 目标的明确性

目标的明确性一方面表现在演讲者要鲜明地表明自己所要竞聘的目标,另一方面表现在其所选用的一切材料和运用的一切手法都是为了一个目标——使自己竞聘成功。一般来说,在竞聘演讲时,竞聘者一要向评审人员及听众讲清自己的应聘条件,突出自己的优势,表明这种优势足以担当应承担的职务和工作;二要回答"若在其位,如何谋其政",要做到目标明确,语不离宗。

3. 语言的质朴性

竞聘词不能用夸张、虚浮的语言来粉饰自己,也不可用华丽的辞藻和极富鼓动性的语言来表述内容。竞聘演讲要靠竞选者真实的才能、诚恳的态度、严谨的思想和创新精神来说服评委和群众,因此语言的质朴性十分重要。

二、竞聘词的结构与写法

竞聘词的结构一般包括标题、称谓、正文三方面的内容。

1. 标题

竞聘词的标题有三种写法。第一种是文种标题法,即只标"竞聘词"三个字;第二种是公文标题法,即由竞聘人和文种构成或由竞聘职务和文种构成,如"关于竞聘教务处处长的演讲";第三种是文章标题法,可用单行标题,即在标题中表明演讲的内容,也可采用双标题形式,正标题表明演讲内容,副标题标明文种特点,如"积极参与,展示自我——关于竞聘生活部部长的演讲"。

2. 称谓

称谓即对评委或听众的称呼,一般用泛称,如"各位领导""同志们"等。称呼语要顶格书写,排列有序。

3. 正文

正文包括开头、主体和结尾三方面的内容。

(1) 开头。竞聘演讲的时间是有限制的,因此,精彩而有力的开头便显得十分重要。开头应写得自然真切、干净利落。

常见的开头方法有以下几种:

①以诚挚的心情表达自己的谢意。这种方法能使竞聘者和听众产生心理相融的效果。例如:"非常感谢各位领导、同志们给了我这次竞聘的机会。"

②简要介绍自己的有关情况,如姓名、学历、职务、经历等。例如:"我叫××。2005年毕业于东北农业大学动物科学系,2013年加入中国共产党,现任动物科学学院副院长。"

③概述竞聘演讲的主要内容。这种方法使评选者一开始就能了解竞聘者演讲的主旨。例如:"我今天的演讲内容主要分两部分:一是我竞聘学生会主席的优势;二是谈谈今后的工作思路。"

(2) 主体。竞聘词的主体部分是全文的重点和核心部分。竞聘演讲的目的,就是要把自己介绍给评委和听众,让评委和听众了解自己的基本情况,了解自己对竞聘岗位的认识和当选后的工作打算。

①基本情况介绍。简要介绍自己的基本情况,然后对自己与竞聘岗位有联系的学习、工作经历做出系统翔实的介绍。

②阐述个人的优势。根据对工作岗位的基本要求进行阐述,一般包括德、能、勤、绩四个方面。在阐述优势时要有所侧重,不是叙述自己工作时间的长短,而是突出和竞聘岗位相关的经历和业务能力。要以积极的态度去描述,让听众感到自己确实适合这份工作并具备不断发展的潜力。这部分内容切忌面面俱到,不能报流水账,要善于归纳并用简洁的语言加入段首提要,再以事实和数据佐证。

③对应聘岗位职责的认识。竞聘前,要充分了解招聘单位和应聘岗位的情况,只有明确岗位职责,才能有的放矢地提出该岗位的工作目标、施政设想和打算。

如竞聘教务处处长时对应聘岗位职责是这样认识的:"教务处是负责学院教学运行、教学管理、教学质量监控管理和现代教育技术推广应用的职能部门,作为基层组织,应起到以下三个方面的作用:桥梁作用——要成为领导的助手、群众的知音;领导作用——组织本处成员积极开展工作,落实教学计划;协调作用——既要协调本处工作,又要和其他部门相互协调,合理安排人力、时间,妥善安排好各项教学工作。"

④提出工作设想和方案。这部分内容是假设自己能竞聘成功,对所竞聘岗位的工作提出的施政方案。这部分内容要具体、实在,不要讲一些不切实际的设想。

(3) 结尾。结尾要精练,画龙点睛,不要拖泥带水。应进一步加深听众对竞聘者的良好印象,从而有利于竞聘成功。

常见的结尾方式有以下几种:

①表达愿望式。表示竞聘该岗位的愿望,展望单位的美好前景,期望得到认可和接纳。例如:"我今天的演讲虽然是毛遂自荐,但却不是王婆卖瓜——自卖自夸。

我只是想向各位领导展示一个真实的我。我相信，凭着我的政治素质，我的爱岗敬业、脚踏实地的精神，我的工作热情，我的管理经验，我一定能把副处长的工作做好，决不会让大家失望。"

②表明态度式。坦诚地表达自己参与这次竞聘的感受。这种方法能使评选者感受到竞聘者的坦诚。例如："参加这次竞聘，对我来说也是一个学习和提高的过程，是对自我的一种挑战，无论竞聘成功与否，我都将一如既往，堂堂正正做人，踏踏实实做事。"

③祈请支持式。表达自己对竞聘上岗的信心，恳请得到大家的支持和帮助。例如："各位评委，请大家投我一票，我将交上一份让你们满意的答卷。"

三、竞聘词的写作技巧

1. 先声夺人

竞聘演讲的一个重要特征就是具有竞争性，而竞争的实质是争取听众的响应和支持。做到这一点的有效方法之一，就是要有气势。这气势不是霸气，不是骄气，不是傲气，而是建立在自身成就之上的自信。

2. 真诚老实

竞聘演讲其实就是"毛遂自荐"。自荐，当然应该将自己优秀的方面展示出来，让他人了解自己。但要注意在"展示"自我时，态度要真诚务实，有一说一，有二说二，不要说大话、谎话。

3. 简练质朴

竞聘演讲虽是宣传自己的好时机，但也决不可"长篇累牍"。应该用简练有力的语言把自己的思想表达出来。竞聘演讲不宜刻意追求气氛的烘托和渲染，应避免使用抒情的表达方式，多用符合口语表达习惯和听觉习惯的句子。

4. 充满自信

卡耐基曾说过："不要怕推销自己。只要你认为自己有才华，你就应该认为自己有资格担任这个或那个职务。"当充满自信时，站在讲台上，就会从容不迫，就会以最好的心态来展示自己。当然，自信必须建筑在丰富的知识和经验的基础上，这样的自信，才会成为竞聘的力量，变成工作的动力。

【案例展示】

结合自身特点拟写的竞聘词如下：

学生会主席竞聘词

尊敬的领导、老师：

大家好！我是机电专业的××，今天我要竞选的是院学生会主席。感谢学校领导能给我这次参选的机会。

我是2017年9月进入我校的，入学之初在班级任班长，并且兼任生活部干事，在生活部短短半学期就晋升为部长。在这段时间里，我的工作得到了系领导的高度评价，也赢得了同学们的支持和认可。我未曾辜负大家的期望，恪尽职守，不断进取，在思想和工作能力上都有了很大的提高。在此，我要感谢对我工作提供过帮助的人。

我竞选学生会主席有以下几方面的优势。

一、丰富的工作经验

入学至今，我分别担任过班长、生活部干事、生活部部长等职务，通过这些实际工作，我的管理经验、领导能力有了很大的提高。

二、突出的工作业绩

在过去的工作中，我经常组织和参加学生活动，取得了良好的成绩。我班在系篮球赛中，取得第一名的成绩；在学院第一届排球赛中，取得了第二名的成绩；在学院越野赛中，取得团体第三名的成绩。在院级文明宿舍评选中，所在宿舍获"文明宿舍"称号。本人被评为"院级优秀学生干部"。

三、优异的学习成绩

在积极参与学生工作的同时，我始终没有忘记自己的主要任务是学习。我的学习成绩在全系名列前茅，连续两年综合测评成绩在全系排名前五，通过了大学英语四级、计算机二级考试。

以上是我竞选院学生会主席的优势，假如我有幸当选，这些优势条件将有助于我很好地开展工作。

如果我有幸当选学生会主席，我将努力做好以下几方面的工作。

一是树立"务实高效，开拓创新"的工作作风，继续坚持"以同学为本"的工作原则，踏踏实实为同学服务。充分发挥学生会联系学院和广大同学的桥梁纽带作用，参与学院有关学生事务的民主管理，维护广大同学的正当利益，反映同学的意见和要求，推动校园民主建设。加强部门间的横向交流，提高学生会的凝聚力。

二是进一步促进学生会工作流程正规化，不断提高学生会的工作效率和科学性。加强学生会内部建设，建立健全各级组织，制定各项管理制度。实行健全、弹性的人事制度。通过奖惩制度、绩效考核等措施提高成员的工作积极性。

三是加强学生会工作网络信息化。提高学生会工作的科学性和透明性，加强与其他院校的合作交流，加强学生会部门之间的横向交流。

四是进一步提升学生会组织活动的能力。通过开展一系列活动，锻炼队伍，提高学生会组织活动的能力，提高学生会在学校的知名度和在同学间的亲和力。

尊敬的领导、各位评委：诚恳待人，为人正直是我做人的原则！勤奋务实，开拓创新是我的工作态度！如果我有幸被任命为学生会主席，我将不辜负大家的期望，充分发挥我的聪明才智，以昂扬的工作热情和高度的工作责任心，加倍努力地工作，使学生会的工作再上一个新台阶。

谢谢大家！

竞聘人：×××
2019 年 10 月 20 日

【能力训练】

1. 改写下段文字，使之更简练、庄重，符合应用文语体要求。

刚才接到你公司发来的传真，要求我们工厂把本月生产的全部产品用最快的速度发运到广州。对于这个要求，我们厂有以下一些困难，实在难以按照你们的要求办理，请你们原谅。谢谢！

2. 试比较下列三种竞聘词结尾，说说哪一种最好，为什么。

（1）"我的演讲完了，谢谢。"

（2）"最后，让我再次感谢领导给我这个难得的竞聘机会，感谢各位评委和在座的所有听众对我的支持和鼓励。谢谢！"

（3）"今天，天气这么冷，大家还都来捧场，这使我非常感动。无论我竞聘是否成功，我都要向各位领导、评委和在座的朋友们表示深深的谢意！谢谢大家！"

3. 阅读材料，完成写作任务。

王×欲竞聘校广播员，于是起草了一篇竞聘词上交给校广播站负责人，全文如下。

校广播站负责人：

我是动漫设计与制作 2018 级高级烹饪班的学生，想应聘校广播员，以发挥我的才华。

本人思想进步，要求上进；热爱学校，一直参加学校的公益活动。我的语文水平在班里数一数二，写作更不在话下，普通话属于一流水平。

我希望你们能吸收我为校广播员，我会尽力做出成绩；如若不然，你们将失去一个不可多得的人才！谢谢！

王 ×
××××年××月××日

王×的竞聘词上交后如石沉大海，最后没有被录取。因为他的竞聘词比较空洞，没有具体地表现出自己的能力。语气虽带着一份自信，但未免有骄傲之嫌。请代他重新写一篇竞聘词。

第五节　劳动合同

【学习目标】

1. 明确劳动合同的概念。
2. 掌握劳动合同的格式和写法。
3. 能够读懂劳动合同，拟写简单的劳动合同。

【案例导入】

小李是一位职校学生，学的是美容美发专业，即将毕业，面试了几家公司，对其中的一家公司比较满意，他应该与这家公司签订一份什么样的劳动合同？

【范例感知】

劳动合同书

（适用全日制单位）　　编号：

河北省人力资源和社会保障厅制

签约须知：

1. 用人单位和劳动者应保证向对方提供的与履行劳动合同有关的各项信息真实、有效。

2. 有下列情形之一，劳动者提出或者同意续订、订立劳动合同的，除劳动者提出订立固定期限劳动合同外，应当订立无固定期限劳动合同：（1）劳动者在该用人单位连续工作满十年的；（2）用人单位初次实行劳动合同制度或者国有企业改制重新订立劳动合同时，劳动者在该用人单位连续工作满十年且距法定退休年龄不足十年的；（3）连续订立二次固定期限劳动合同，且劳动者没有《中华人民共和国劳动合同法》第三十九条规定的情形，续订劳动合同的。

3. 除提供专项培训费用约定服务期和竞业限制的人员两种情形外，用人单位不得与劳动者约定由劳动者承担违约金。

甲方(用人单位) 名称：_____
　　　　单位住所：_____
　　　　法定代表人：_____
　　　　联系电话：_____
　　　　邮政编码：_____
乙方（劳动者）姓名：_____
　　　　户籍所在地：_____
　　　　现居住地址：_____
　　　　身份证号码：_____
　　　　联系电话：_____
　　　　邮政编码：_____

根据《中华人民共和国劳动法》《中华人民共和国劳动合同法》及相关法律、法规、规章的规定，甲乙双方遵循合法、公平、平等自愿、协商一致、诚实信用的原则订立劳动合同。

一、劳动合同期限

第一条　本劳动合同期限经双方协商一致，采取下列第____种形式：

（一）固定期限：自_____年___月___日起至_____年___月___日止。其中，试用期自_____年___月___日至_____年___月___日。

（二）无固定期限：自_____年___月___日起，到法定的终止条件出现时止。其中，试用期自_____年___月___日至_____年___月___日。

（三）以完成一定工作任务为期限：自_____年___月___日起至_____年___月___日止。

二、工作内容和工作地点

第二条　甲方根据工作岗位的实际需要，安排乙方从事_____工作，工作地点为_____。甲乙双方可以签订岗位协议书，约定岗位具体职责和要求。

第三条　乙方应按照甲方安排的工作内容及要求，认真履行岗位职责，按时完成工作任务，遵守甲方依法制定的规章制度。

根据甲方的工作需要，经甲乙双方协商一致，可以变更工作内容。

三、工作时间和休息休假工作时间

第四条　甲方安排乙方执行____工时工作制。

（一）标准工时工作制：乙方每日工作不超过八小时，平均每周不超过四十小时。

（二）综合计算工时工作制：平均日和平均周不超过法定标准工作时间。

（三）不定时工作制：甲方在保障职工身体健康并充分听取职工意见的基础上，应采用集中工作、集中休息、轮休调休、弹性工作时间等适当方式，确保职工的休息休假权利和生产、工作任务的完成。

实行综合计算工时或者不定时工作制的，由甲方报劳动保障行政部门批准后实行。

第五条　甲方依法保证乙方的休息权利。乙方依法享受法定节假日以及探亲、婚丧、计划生育、带薪年休假等休假权利。

第六条　甲方严格执行劳动定额标准，不得强迫或者变相强迫乙方加班。确因生产经营需要，经与工会和乙方协商后可以延长工作时间，一般每日不超过一小时。因特殊原因需延长工作时间的，在保障乙方身体健康的条件下，延长工作时间每日不超过三小时，每月不超过三十六小时。

四、劳动报酬

第七条　甲方结合本单位的生产经营特点和经济效益，依法确定本单位的工资分配制度。乙方的工资水平，按照本单位的工资分配制度，结合乙方的劳动技能、劳动强度、劳动条件、劳动贡献等确定，实行同工同酬。

第八条　甲方按下列第＿＿＿＿种形式支付乙方工资。

（一）计时工资。乙方的工资标准为＿＿＿＿＿＿＿＿元/月（周），绩效工资（奖金）根据乙方实际劳动贡献确定。

（二）计件工资。乙方的劳动定额为　　　，计件单价为＿＿＿＿＿＿＿＿。

（三）按照甲方依法制定的工资分配制度确定。

乙方在试用期期间的工资标准为＿＿＿＿＿＿＿＿。

第九条　甲方于每月＿＿＿＿＿＿日前以货币或银行转账形式足额支付乙方工资。如遇节假日或休息日，应提前到最近的工作日支付。

甲方应书面记录支付乙方工资的时间、数额、工作天数、签字等情况，并向乙方提供工资清单。

第十条　甲方安排乙方延长工作时间或者在休息日、法定节假日工作的，应依法安排乙方补休或者按照国家相关规定向乙方支付加班工资。

五、社会保险和福利待遇

第十一条　甲乙双方必须按照国家和地方有关社会保险的法律、法规和政策规定参加社会保险，依法缴纳各项社会保险费。其中，乙方负担的部分由甲方负责代扣代缴。

第十二条　乙方在劳动合同期限内，休息休假、患病或负伤、患职业病或因工负伤、生育、死亡等待遇，以及医疗期、孕期、产期、哺乳期的期限及待遇，按相关法律、法规的规定执行。

第十三条　甲方为乙方提供以下补充保险和福利待遇：（略）

六、劳动保护、劳动条件和职业危害防护

第十四条　甲方建立健全生产工艺流程和安全操作规程、工作规范和劳动安全卫生、职业危害防护制度,并对乙方进行必要的培训。乙方在劳动过程中应严格遵守各项制度规范和操作规程。

第十五条 甲方为乙方提供符合国家规定的劳动安全卫生条件和劳动工具及必要的劳动防护用品。安排乙方从事有职业危害作业的,定期为乙方进行健康检查。

第十六条 甲方对可能产生职业病危害的岗位,应当向乙方履行如实告知的义务,并对乙方进行劳动安全卫生教育,预防劳动过程中的事故发生,减少职业危害。

第十七条 甲方违章指挥、强令冒险作业,危及乙方人身安全的,乙方有权拒绝。乙方对危害生命安全和身体健康的劳动条件,有权对用人单位提出批评、检举和控告。

七、劳动合同的履行、变更

第十八条 甲乙双方按照本劳动合同的约定,依法、全面履行各自的义务。

第十九条 甲方变更名称、法定代表人、主要负责人或者投资人等事项,不影响本劳动合同的履行。

第二十条 甲方发生合并或者分立等情况,本劳动合同继续有效,由承继甲方权利和义务的单位继续履行。

第二十一条 经甲乙双方协商一致,可以变更本劳动合同约定的内容,并以书面形式确定。

八、劳动合同的解除、终止

第二十二条 甲乙双方解除、终止本劳动合同,应当按照《中华人民共和国劳动合同法》第三十六条、第三十七条、第三十八条、第三十九条、第四十条、第四十一条、第四十二条、第四十三条、第四十四条的规定进行。

第二十三条 甲乙双方解除、终止本劳动合同,符合《中华人民共和国劳动合同法》第四十六条规定情形的,甲方应依法向乙方支付经济补偿。

第二十四条 甲方违法解除或者终止本劳动合同,乙方要求继续履行本劳动合同的,甲方应当继续履行;乙方不要求继续履行本劳动合同或者本劳动合同已经不能继续履行的,甲方应当依法按照经济补偿金标准的二倍向乙方支付赔偿金。

乙方违法解除劳动合同,或者违反劳动合同中约定的保密义务或者竞业限制给甲方造成损失的,应当承担赔偿责任。

第二十五条 解除、终止本劳动合同时,甲方应当依据有关法律法规等规定出具解除、终止劳动合同的证明,并在十五日内为乙方办理档案和社会保险关系转移手续。

乙方应当按照双方约定,办理工作交接。应当支付经济补偿的,在办理工作交接时支付。

九、其他事项

第二十六条 甲方为乙方提供专项培训费用，对其进行专业技术培训，双方可以订立专项协议，约定服务期。

乙方违反服务期约定的，应当按照约定支付违约金。

第二十七条 乙方负有保密义务的，双方可以订立专项协议，约定竞业限制条款。

乙方违反竞业限制约定的，应当按照约定支付违约金。给用人单位造成损失的，应当承担赔偿责任。

第二十八条 以下协议作为本劳动合同的附件：

1. 岗位协议书
2. 培训协议书
3. 保密协议书
4. ……

第二十九条 双方约定的其他事项：（略）

第三十条 甲乙双方因履行本劳动合同发生劳动争议，可以协商解决。协商不成的，可以依法申请仲裁、提起诉讼。

第三十一条 本劳动合同未尽事宜，按国家和地方有关规定执行。

第三十二条 本劳动合同自甲乙双方签字或盖章之日起生效。本合同一式二份，甲乙双方各执一份。

甲方（公章）_____   乙方（签字）_____

法定代表人_____

签字日期：___年___月___日   签字日期：___年___月___日

【知识点睛】

一、劳动合同的概念

劳动合同，亦称劳动契约，是指劳动者和用人单位为确立劳动关系，明确双方权利和义务而签订的书面协议。只要建立劳动关系，就要订立劳动合同。它是劳动者与用人单位建立劳动关系的重要凭证，是双方当事人明确各自权利和义务的基本形式，是劳动者用来维护自己合法权益的重要手段，是减少和防止发生劳动争议的重要措施。

作为一种格式化的专用文书，劳动合同一般由官方提供范本，或由用人单位设计制作。劳动合同有三种类型，即固定期限合同、无固定期限合同和以完成一定工作任务为期限的合同。固定期限劳动合同，是指用人单位与劳动者约定合同终止时间的劳动合同，一般有一年期、二年期、三年期、五年期等。无固定期限劳动合同，是指用人单位与劳动者约定无确定终止时间，但规定终止条件的劳动合同。以完成一定工作任务为期限的劳动合同，是指用人单位与劳动者约定以某项工作的完成，如以项目工程、采茶、棉花采摘完成等为合同期限的劳动合同。

二、合同的特点

第一，强制性。合法的合同一经签订，即具有法律效力。劳动者与用人单位都对对方负有义务，这种义务又是实现对方相应权利的保证。双方必须亲自履行，不能代理和继承。

第二，平等性。在劳动合同的订立阶段，劳动者与用人单位的法律地位是平等的，自愿签订，一方不得将自己的意志强加给另一方。

第三，隶属性。合同签订后，进入合同履行阶段，劳动者在身份上、组织上、经济上从属于用人单位。当然，前提是用人单位必须依法行使管理权。

第四，有偿性。劳动者向用人单位提供劳动并取得报酬。

三、合同的结构与写作要领

劳动合同一般由标题、首部、正文、签署四部分组成。

1. 标题

以文种名"劳动合同"为题。

2. 首部

写明合同的类型、签约双方当事人的基本情况，即用人单位名称、地址、电话、法定代表人，劳动者的姓名、住址、户籍地址、电话、居民身份证号码或其他有效证件号码等。

3. 正文

主要是明确签约各方的具体权利和义务。根据我国劳动法的规定，劳动合同的内容可分为法定条款和约定条款两部分。

（1）法定条款，是指《中华人民共和国劳动法》《中华人民共和国劳动合同法》规定劳动合同必备的条款，具体包括：

①劳动合同期限；

②工作内容和工作地点；

③工作时间和休息休假；

④劳动报酬；

⑤社会保险；

⑥劳动保护、劳动条件和职业危害防护；

⑦法律、法规规定应当纳入劳动合同的其他事项。

（2）约定条款，即劳动合同双方当事人之间自愿协商规定的关于各自权利与义务的条款，如双方可以自行约定最长为半年的试用期，约定保守用人单位商业秘密事项，约定未尽事宜的处理方式、合同份数、是否需要公证或有关主管部门批准等。

4. 签署

包括双方签字、盖章、合同签订日期和附件等。附件视实际情况而定。

四、合同写作的注意事项

1. 利益的均衡性

劳动合同双方当事人是平等的主体，其订立的条款应当是互惠互利的，因此，合同起草人应顾及对方的利益，而不能只考虑本方的利益。

2. 内容的合法性

它包括劳动合同订立人的资格、订立程序、形式、内容、履行、变更和解除等项必须合法，这是对劳动合同的最根本要求。凡违反法律、行政法规的劳动合同，采取欺诈、威胁等手段订立的劳动合同，均是无效劳动合同。无效的劳动合同从订立时起，就没有法律约束力。

3. 语言表达的严谨性

劳动合同对签约各方都具有法律约束力，签订劳动合同是一项非常严肃的工作。劳动合同的核心内容就是详尽、准确地写明双方的权利、义务和违约责任，对语言表达的要求非常高。在同一份劳动合同中，同一意思必须使用同一词语来表达，不能出现前后不一致甚至互相矛盾的情况，如前面写"甲方"后面写"某人"等。它的措辞用字应力求准确、简洁，避免产生歧义，防止发生纠纷。

4. 格式的规范性

如首部的写法，正文前言的"依法协商""自愿签订"等语句，还有签署部分的写法等，都要遵照一定的格式。

5. 书面的整洁性。

根据劳动法的规定，劳动合同应当以书面形式订立，以口头形式达成的劳动合同，一般应按无效劳动合同处理。签订合同应使用钢笔或毛笔，书写要清楚，正确使用标点符号，数字要大写，不得随意涂改原文。如必须修改，需经双方同意，并在修改处盖上双方印章并签字。否则，视为无效合同。

【案例展示】

小李签订的劳动合同如下：

编号：

美容美发行业劳动合同书

签约须知：

1. 用人单位和劳动者应保证向对方提供的与履行劳动合同有关的各项信息真实、有效。

2. 有下列情形之一，劳动者提出或者同意续订、订立劳动合同的，除劳动者提出订立固定期限劳动合同外，应当订立无固定期限劳动合同：（1）劳动者在该用人单位连续工作满十年的；（2）用人单位初次实行劳动合同制度或者国有企业改制重新订立劳动合同时，劳动者在该用人单位连续工作满十年且距法定退休年龄不足十年的；（3）连续订立二次固定期限劳动合同，且劳动者没有《中华人民共和国劳动合同法》第三十九条规定的情形，续订劳动合同的。

3. 除提供专项培训费用约定服务期和竞业限制的人员两种情形外，用人单位不得与劳动者约定由劳动者承担违约金。

甲方(用人单位)名称：__××公司__

　　单位住所：__××省××市××区××路××号××公司__

　　法定代表人：__×××__

　　联系电话：_____

　　邮政编码：__××××××__

乙方(劳动者)姓名：__李××__

　　户籍所在地：__××省××市××派出所__

　　现居住地址：__××省××市××区××路××号__

　　身份证号码：__××××××××××××__

　　联系电话：__×××××××××__

　　邮政编码：__××××××__

根据《中华人民共和国劳动法》《中华人民共和国劳动合同法》及相关法律、法规、规章的规定，甲乙双方遵循合法、公平、平等自愿、协商一致、诚实信用的原则订立劳动合同。

一、劳动合同期限

第一条　本劳动合同期限经双方协商一致，采取下列第__（一）__种形式：

（一）固定期限：自__2015__年__6__月__9__日起至__2016__年__6__月__8__日止。其中，试用期自__2015__年__6__月__9__日至__2015__年__9__月__8__日。

（二）无固定期限：自____年____月____日起，到法定的终止条件出现时止。其中，试用期自____年____月____日至____年____月____日。

（三）以完成一定工作任务为期限：自____年____月____日起至____年____月____日止。

二、工作内容和工作地点

第二条　甲方根据工作岗位的实际需要，安排乙方从事__美发__工作，工作地点为__××公司美容美发部__。甲乙双方可以签订岗位协议书，约定岗位具体职责和要求。

第三条　乙方应按照甲方安排的工作内容及要求，认真履行岗位职责，按时完成工作任务，遵守甲方依法制定的规章制度。

根据甲方的工作需要，经甲乙双方协商一致，可以变更工作内容。

三、工作时间和休息休假

第四条　甲方安排乙方执行__八小时__工时工作制。

（一）标准工时工作制：乙方每日工作不超过八小时，平均每周不超过四十小时。

（二）综合计算工时工作制：平均日和平均周工作时间不超过法定标准工作时间。

（三）不定时工作制：甲方在保障职工身体健康并充分听取职工意见的基础上，应采用集中工作、集中休息、轮休调休、弹性工作时间等适当方式，确保职工的休息休假权利和生产、工作任务的完成。

实行综合计算工时或者不定时工作制的，由甲方报劳动保障行政部门批准后实行。

第五条　甲方依法保证乙方的休息权利。乙方依法享受法定节假日以及探亲、婚丧、计划生育、带薪年休假等休假权利。

第六条　甲方严格执行劳动定额标准，不得强迫或者变相强迫乙方加班。确因生产经营需要，经与工会和乙方协商后可以延长工作时间，一般每日不超过一小时。因特殊原因需延长工作时间的，在保障乙方身体健康的条件下，延长工作时间每日不超过三小时，每月不超过三十六小时。

四、劳动报酬

第七条　甲方结合本单位的生产经营特点和经济效益，依法确定本单位的工资分配制度。乙方的工资水平，按照本单位的工资分配制度，结合乙方的劳动技能、劳动强度、劳动条件、劳动贡献等确定，实行同工同酬。

第八条　甲方按下列第__（一）__种形式支付乙方工资。

（一）计时工资。乙方的工资标准为__5000__元/月，绩效工资（奖金）根据乙方实际劳动贡献确定。

（二）计件工资。乙方的劳动定额为_____，计件单价为_____。

（三）按照甲方依法制定的工资分配制度确定。

乙方在试用期期间的工资标准为 3000 元。

第九条　甲方于每月 8 日前以货币或银行转账形式足额支付乙方工资。如遇节假日或休息日，应提前到最近的工作日支付。

甲方应书面记录支付乙方工资的时间、数额、工作天数、签字等情况，并向乙方提供工资清单。

第十条　甲方安排乙方延长工作时间或者在休息日、法定节假日工作的，应依法安排乙方补休或者按照国家相关规定向乙方支付加班工资。

五、社会保险和福利待遇

第十一条　甲乙双方必须按照国家和地方有关社会保险的法律、法规和政策规定参加社会保险，依法缴纳各项社会保险费。其中，乙方负担的部分由甲方负责代扣代缴。

第十二条　乙方在劳动合同期限内，休息休假、患病或负伤、患职业病或因工负伤、生育、死亡等待遇，以及医疗期、孕期、产期、哺乳期的期限及待遇，按相关法律、法规的规定执行。

第十三条　甲方为乙方提供以下补充保险和福利待遇：（略）

六、劳动保护、劳动条件和职业危害防护

第十四条　甲方建立健全生产工艺流程和安全操作规程、工作规范和劳动安全卫生、职业危害防护制度，并对乙方进行必要的培训。乙方在劳动过程中应严格遵守各项制度规范和操作规程。

第十五条　甲方为乙方提供符合国家规定的劳动安全卫生条件和劳动工具及必要的劳动防护用品。安排乙方从事有职业危害作业的，定期为乙方进行健康检查。

第十六条　甲方对可能产生职业病危害的岗位，应当向乙方履行如实告知的义务，并对乙方进行劳动安全卫生教育，预防劳动过程中的事故发生，减少职业危害。

第十七条　甲方违章指挥、强令冒险作业，危及乙方人身安全的，乙方有权拒绝。乙方对危害生命安全和身体健康的劳动条件，有权对用人单位提出批评、检举和控告。

七、劳动合同的履行、变更

第十八条　甲乙双方按照本劳动合同的约定，依法、全面履行各自的义务。

第十九条　甲方变更名称、法定代表人、主要负责人或者投资人等事项，不影响本劳动合同的履行。

第二十条　甲方发生合并或者分立等情况，本劳动合同继续有效，由承继甲方权利和义务的单位继续履行。

第二十一条　经甲乙双方协商一致，可以变更本劳动合同约定的内容，并以书面形式确定。

八、劳动合同的解除、终止

第二十二条　甲乙双方解除、终止本劳动合同，应当按照《中华人民共和国劳动合同法》第三十六条、第三十七条、第三十八条、第三十九条、第四十条、第四十一条、第四十二条、第四十三条、第四十四条的规定进行。

第二十三条　甲乙双方解除、终止本劳动合同，符合《中华人民共和国劳动合同法》第四十六条规定情形的，甲方应依法向乙方支付经济补偿。

第二十四条　甲方违法解除或者终止本劳动合同，乙方要求继续履行本劳动合同的，甲方应当继续履行；乙方不要求继续履行本劳动合同或者本劳动合同已经不能继续履行的，甲方应当依法按照经济补偿金标准的二倍向乙方支付赔偿金。

乙方违法解除劳动合同，或者违反劳动合同中约定的保密义务或者竞业限制给甲方造成损失的，应当承担赔偿责任。

第二十五条　解除、终止本劳动合同时，甲方应当依据有关法律法规等规定出具解除、终止劳动合同的证明，并在十五日内为乙方办理档案和社会保险关系转移手续。

乙方应当按照双方约定，办理工作交接。应当支付经济补偿的，在办理工作交接时支付。

九、其他事项

第二十六条　甲方为乙方提供专项培训费用，对其进行专业技术培训，双方可以订立专项协议，约定服务期。

乙方违反服务期约定的，应当按照约定支付违约金。

第二十七条　乙方负有保密义务的，双方可以订立专项协议，约定竞业限制条款。

乙方违反竞业限制约定的，应当按照约定支付违约金。给用人单位造成损失的，应当承担赔偿责任。

第二十八条　以下协议作为本劳动合同的附件：

1. 岗位协议书
2. 培训协议书
3. 保密协议书
4. ……………

第二十九条　双方约定的其他事项：

第三十条　甲乙双方因履行本劳动合同发生劳动争议，可以协商解决。协商不成的，可以依法申请仲裁、提起诉讼。

第三十一条　本劳动合同未尽事宜，按国家和地方有关规定执行。

第三十二条　本劳动合同自甲乙双方签字或盖章之日起生效。本合同一式二份，甲乙双方各执一份。

甲方（公章）　××公司印章　　　乙方（签字）　李××

法定代表人　×××

签字日期：2015 年 6 月 8 日　　签字日期：2015 年 6 月 8 日

【能力训练】

1. 下面的劳动合同，请你指其条款内容的不妥之处，并改正。

××有限公司（以下简称公司）与××（先生/女士，以下简称员工）双方经友好协商，本着平等自愿的原则，一致达成下列条款。

1. 试用期12个月。
2. 工作时间规定为8小时，需加班时必须加班。
3. 按劳取酬，最低500元。
4. 如违反公司规章制度，即解约（包括迟到一次）。
5. 如员工表现好，可提前结束试用期。
6. 其他事项，依法律规定处理。

本合同一式两份，双方各执一份，自签订之日起生效。

公司：　　　　　　　　　员工：

代表：　　　　　　　　　身份证号：

地址：　　　　　　　　　地址：

---

2. 以下是一份旧社会的学徒契约，请用劳动合同的知识分析它存在什么问题。

学徒契约

立字人××，因家贫人多，无法度日，情愿送子××到邢台文盎德鞋铺当学徒，四年为满。擦桌扫地，提水做饭，只许东家不用，不准本人不干。学徒期间，无身价报酬，学满之后，身价面议。如有违反铺规，任打任骂。私自逃走，罚米十石，投河奔井与掌柜无关。空口无凭，立字为证。

---

3. 教材"范例感知"的例文是一份适用全日制单位的合同样本。假如你计划暑假到某企业打工，则属于临时性工作。请你选择本地区一家适合你打工的企业，尝试起草一份简单而实用的劳动合同书。